中国人丛书

君子之道

章创生 孙智康 编著

图书在版编目(CIP)数据

君子之道 / 章创生,孙智康编著. —重庆:重庆出版社,2018.5
(中国人丛书 / 冯建华主编)
ISBN 978-7-229-12242-3

Ⅰ.①君… Ⅱ.①章…②孙… Ⅲ.①中华文化—通俗读物
Ⅳ.①K203-49

中国版本图书馆CIP数据核字(2018)第044638号

君子之道
JUNZI ZHI DAO

章创生 孙智康 编著

责任编辑:冯建华 高 岭
责任校对:刘 艳
装帧设计:邱 江

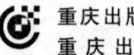
出版

重庆出版社

重庆市南岸区南滨路162号1幢 邮政编码:400061 http://www.cqph.com
重庆出版社艺术设计有限公司制版
重庆市国丰印务有限责任公司印刷
重庆出版集团图书发行有限公司发行
E-MAIL:fxchu@cqph.com 邮购电话:023-61520646
全国新华书店经销

开本:787mm×1092mm 1/16 印张:15 字数:215千
2018年6月第1版 2018年6月第1次印刷
ISBN 978-7-229-12242-3
定价:38.00元

如有印装质量问题,请向本集团图书发行有限公司调换:023-61520678

版权所有 侵权必究

序言

在中华五千年的文明史、发展史、教育史中,有一个响彻朝野、家喻户晓、老幼妇孺皆景仰的称谓,那就是君子。

在儒家经典著作《论语》中涉及"君子"经文的有83句;《孟子》中涉及"君子"经文的有23句;《大学》中涉及"君子"经文的有9句;《中庸》中涉及"君子"经文的有26句;《荀子》中涉及"君子"经文的有169句。即便是道家开山巨作《周易》,涉及"君子"经文也竟达105句……

《论语》首句以"君子"开篇:"学而时习之,不亦悦乎?有朋自远方来,不亦乐乎?人不知而不愠,不亦君子乎?"末句以"君子"结尾:"不知命,无以为君子也;不知礼,无以立也;不知言,无以知人也。"

《周易》以它核心精神的"君子"之誉,感奋了我们一代又一代中华子孙——"君子以厚德载物。""天行健,君子以自强不息。"

"君子"是儒家思想精髓中理想人格的化身,也是泱泱中华几千年来精神追求的典范。它超越了时空,超越了政治,超越了民族,超越了学界:

三千年前,有"窈窕淑女,君子好逑"(《诗经·关雎》)。

三千年后,有"我失骄杨君失柳"(毛泽东《蝶恋花》)。

我们把爱人喻为"君子":"君问归期未有期,巴山夜雨涨秋池。"(李商隐《夜雨寄北》)

我们把恋人当作"君子":"我住长江头,君住长江尾。日日思君

不见君，共饮长江水。"（李之仪《卜算子》）

我们誉导师为"君子"："听君一席话，胜读十年书。"

我们称贵人为"君子"："君子一言，驷马难追。"

君子，是我们最知心的人："莫愁前路无知己，天下何人不识君?"（高适《别董大》）

君子，是我们最牵挂的人："劝君更尽一杯酒，西出阳关无故人。"（王维《送元二使安西》）

……

君子，是我们最崇拜的人：他"无爵而贵，无禄而富，不言而信，不怒而威"（《荀子》）。

君子，是我们最景仰的人：他"动而世为天下道，行而世为天下法，言而世为天下则"（《中庸》）。

在中国几千年来的风云变幻中，君子像灿烂的流星闪过浩瀚的夜空：

大禹为民治水，三过家门而不入。

屈原愤世嫉俗，清白魂断汨罗江。

杜甫茅屋为秋风所破，尚呼："安得广厦千万间，大庇天下寒士俱欢颜。"

林则徐冒死烧鸦片，写下："苟利国家生死以，岂因祸福避趋之。"

花木兰替父从军，出生入死，不愧为天下孝女。

张志新义以为上，不屈虐杀，只为道出真理之声！

……

正是这一个个人格楷模，挺起了中华民族道德礼仪的脊梁；正是这一个个社会良心，延续了中华民族生生不息的血脉。

可是，当我们把目光转向现实的时候，我们发觉"君子"这个民族人格的偶像似乎与我们已渐行渐远……

君子，你在哪里？——

在我们面前晃动着的形象常常是伪善者、造假者、作秀者，甚至是无耻之徒。

很多教育是在为考分、名气尽力；

很多医疗是在为提成、赢利用心；

人世间的情义让位于利益；

人世间的智慧服从于权力……

这难道是我们应当看到的世界？

归去来兮，君子！

归去来兮，君子之道！

当良知的中国人渴望道德回归、人心向善、君子归来的时候，人们由此要问：

那么如何认识"君子"？他的人格标准是什么？哪本书里有全面阐述？这便是时下读者向我们提出的新课题。

从古至今，林林总总的"四书""五经"读本汗牛充栋，却没有一本专题编注"君子"经文的书，确实令人遗憾！

我深深感激我的父亲章静（章映槐），于20世纪三四十年代就职于四川大学，受梁启超"君子论"的启发，在世时曾多次嘱咐我要实践他"编撰君子为册"的夙愿。这些年来，父亲言犹在耳，忠岂忘心？于是笔耕几年，终成一卷。

《论语》《孟子》《大学》《中庸》《荀子》《周易》有关"君子"论言300余句。为了便于读者学习记忆且更具实践性，本书遴选其中112句，并在释义、白话和感悟后特别添加了演绎原文的经典案例。借此作引玉之砖，就正于读者、同仁。

我们生存的这个世界，正义与邪恶较量，希望与绝望并存，君子与小人相形。我们期盼有更多的君子问世，"君子道长"则"小人道消"，人类的生生不息才尚可祈望。

章创生

2017年5月

君子论

梁启超1914年在清华大学讲演稿

君子二字其意甚广，欲为之诠注，颇难得其确解。为英人所称劲德尔门（gentleman）包罗众义与我国君子之意差相吻合。证之古史，君子每与小人对待，学善则为君子，学不善则为小人。君子小人之分，似无定衡。顾习尚沿传类以君子为人格之标准。望治者，每以人人有士君子之心相勖。《论语》云：君子人与？君子人也。明乎君子品高，未易几及也。

英美教育精神，以养成国民之人格为宗旨。国家犹机器也，国民犹轮轴也。转移盘旋，端在国民，必使人人得发展其本能，人人得勉为劲德尔门，即我国所谓君子者。莽莽神州，需用君子人，于今益极，本英美教育大意而更张之。国民之人格，骎骎日上乎。

君子之义，既鲜确诂，欲得其具体的条件，亦非易言。《鲁论》所述，多圣贤学养之渐，君子立品之方，连篇累牍势难胪举。周易六十四卦，言君子者凡五十三。乾坤二卦所云尤为提要钩玄。乾象曰："天行健，君子以自强不息。"坤象曰："地势坤，君子以厚德载物。"推本乎此，君子之条件庶几近之矣。

乾象言，君子自励犹天之运行不息，不得有一暴十寒之弊。才智如董子，犹云勉强学问。《中庸》亦曰，或勉强而行之。人非上圣，其求学之道，非勉强不得入於自然。且学者立志，尤须坚忍强毅，虽遇颠沛流离，不屈不挠，若或见利而进，知难而退，非大有为者之事，何足取焉？人之生世，犹舟之航於海。顺风逆风，因时而异，如必风顺而后扬帆，登岸无日矣。

且夫自胜则为强，乍见孺子入水，急欲援手，情之真也。继而思之，往援则己危，趋而避之，私欲之念起，不克自胜故也。孔子曰："克己复礼为仁。"王阳明曰："治山中贼易，治心中贼难。"古来忠臣孝子愤时忧国奋不欲生，然或念及妻儿，辄有难于一死不能自克者。若能摈私欲尚果毅，自强不息，则自励之功与天同德，犹英之劲德尔门，见义勇为，不避艰险，非吾辈所谓君子其人哉。

坤象言君子接物，度量宽厚，犹大地之博，无所不载。君子责己甚厚，责人甚轻。孔子曰："躬自厚而薄责于人。"盖惟有容人之量，处世接物坦焉无所芥蒂，然后得以膺重任，非如小有才者，轻佻狂薄，毫无度量，不然小不忍必乱大谋，君子不为也。当其名高任重，气度雍容，望之俨然，即之温然，此其所以为厚也，此其所以为君子也。

纵观四万万同胞，得安居乐业，教养其子若弟者几何人？读书子弟能得良师益友之薰陶者几何人？清华学子，荟中西之鸿儒，集四方之俊秀，为师为友，相蹉相磨，他年邀游海外，吸收新文明，改良我社会，促进我政治，所谓君子人者，非清华学子，行将焉属？虽然君子之德风，小人之德草，今日之清华学子，将来即为社会之表率，语默作止，皆为国民所仿效。设或不慎，坏习惯之传行急如暴雨，则大事偾矣。深愿及此时机，崇德修学，勉为真君子，异日出膺大任，足以挽既倒之狂澜，作中流之底柱，则民国幸甚矣。

目录

序言　1
君子论　1

第一卷　君子之道
　一、君子，归去来兮（回归精神家园）　3
　二、君子，景行行止（君子十大人格）　7
　　1. 君子以德　　7
　　2. 君子不器　　9
　　3. 君子慎独　　12
　　4. 君子固穷　　14
　　5. 君子必辩　　17
　　6. 君子怀刑　　19
　　7. 君子役物　　21
　　8. 君子坦荡　　23
　　9. 君子两进　　25
　　10. 君子道长　　27

第二卷　君子经文
　　原文111条　31

第三卷 君子德行

一、仁　　　　　　　　118
　1. 范仲淹的风水宅　　119
　2. 一个乞丐的心怀　　120
　3. 特蕾莎的请求　　　122
　4. 曼德拉的客人　　　124

二、义　　　　　　　　126
　1. 巴蔓子传奇　　　　127
　2. 廉颇与蔺相如　　　130
　3. 华盛顿的辞职之举　133
　4. 悔恨终生的愧疚　　135

三、礼　　　　　　　　138
　1. 周公吐哺　　　　　139
　2. 一个牧羊孩的奇遇　142
　3. 罗斯恰尔斯的酒吧　144
　4. 留给凶手的悼念碑　145

四、智　　　　　　　　148
　1. 冯谖客孟尝君　　　149
　2. 晏子使楚　　　　　152
　3. 七擒孟获　　　　　154
　4. "零分"之约　　　156

五、信　　　　　　　　159
　1. 抱柱之信　　　　　160
　2. 范式与张劭　　　　161
　3. 用生命承诺　　　　164
　4. 一个小孩的墓地　　166
　5. 迟到的道歉　　　　167

第四卷　君子古典名篇

1. 宋玉对楚王问　　171
2. 渔父　　173
3. 公输　　175
4. 苏秦以连横说秦　　178
5. 颜斶说齐王　　183
6. 祁黄羊去私　　187
7. 陈情表　　189
8. 五柳先生传　　192
9. 归去来兮辞　　193
10. 醉翁亭记　　197

附录　君子经文荟萃

原文316句　　201

第一卷

君子
之道

一

君子，归去来兮

（回归精神家园）

一个世纪前的中国，当日本的膏药旗插上台湾、辽东半岛的时候，当德国的军舰肆无忌惮地开进胶州湾的时候，那时我们的国土还是一个任人切割的蛋糕；

一个多世纪前的中国，当"公车上书"的义举已变成泡影消散，当"百日维新"的"戊戌六君子"惨遭杀身之祸的年头，那时我们的国民还是留着长辫、缠着小脚的"东亚病夫"；

一个多世纪前的中国，创建的第一条运煤铁路仅有11公里长，开办了号称亚洲最大的汉阳铁厂才年产3万吨，那时我们的国力还是一个入不敷出的境况……

一百年后的今天，这一切耻辱和悲凉的往事已成历史，连最后一块屈辱的标记——香港、澳门的主权也回归手中。

中国恢复了联合国安理会常任理事国的席位；

中国北京成功地举办了第29届奥运会并成绩卓著，无与伦比的华丽光彩让世界瞩目；

中国的经济增长已连续多年跃居世界前列。2010年中国的GDP已超日本，成为世界第二大经济体；

中国的神舟一号到神舟十一号已陆续升天，国防、航天科技已显赫于世界民族之林；

2017年《财富》杂志显示，中国已有115家企业上榜世界500强。最新发布的《胡润百富榜》显示：2016年中国大陆共有2056位企业家的财富达到20亿元以上，有8.9万人成为亿万富豪。

而今，从城市到乡村人们已普遍使用手机，生活进入了移动互联网时代……

而今的中国，向世人显示出从未有过的强大光环，或许自个儿打个喷嚏，世界都会感冒……

中国还缺什么呢？当我们不经意时会草率地回答：还缺钱。可当我们静下心来，向灵魂拷问的时候，作为社会意义上的人，我们会觉得整个中华民族而今最缺的难道真是钱？

《古文观止》里有一篇叫《冯谖客孟尝君》的历史故事。讲的是：战国时期，口碑尚好的四君子之一孟尝君，有一次要找一个能力强的人到他的领地薛邑收债。一个深受孟尝君恩典并钦佩其为人的食客冯谖毛遂自荐担当这项工作。临行时，冯谖问孟尝君，所收的钱财买成什么东西返回，孟尝君随便说道：家里稀缺的。

冯谖到了薛邑后，将所有的百姓聚集到一起，将他们的债务一一核对。除了少数的富贵之家能按时还债外，大多数百姓均因穷困而无力偿还。冯谖没有责难穷人，还将收到的债款大摆宴席招待大伙儿畅饮了一顿。接着在众目睽睽之下，一炬焚烧了所有契据。老百姓惊喜之余感激涕零，高呼孟尝君万岁！

冯谖归去后，孟尝君感觉奇怪，怎么这么快就将债务办毕？问冯谖带回的什么，冯谖回答说，临走时你给我说，要带回家中最稀缺的。我想，你如今这个家金银财宝、美女骏马样样都不缺了，对于薛邑来说，你尚差"仁义"，于是，我替你焚烧了所有契约，深得百姓拥戴，我给你带回来了"仁义"。

三十年河东三十年河西，人事难以预料。几年后，孟尝君被贬谪流离到薛邑。百姓扶老携幼、箪食壶浆相迎，让他顺利度过了人生中的危难。

是仁义拯救了孟尝君，是道德拯救了孟尝君的家国。

当今中国最稀缺什么呢？

归去来兮

　　一个小女孩独自跑出家门玩耍,不幸被一辆小货车撞倒并从下肢碾过。司机竟逃之夭夭。路过的二三十人也视而不见,匆匆离去。幸亏一位捡垃圾妇女动了恻隐之心。——我们缺仁爱。

　　一家赫赫有名的国企,工序及检验近一千道关口,都没有制止住毒奶粉流向市场,让上千万儿童受害,让20万小生命至今仍生活在病痛残疾之中。——我们缺正义。

　　一个民族每人年均读书量仅3—4本(以色列为68本),文盲及半文盲竟有一个亿!而它的歌厅酒吧、茶楼会所的数量是图书馆、书店、博物馆、艺术馆的50—100倍!——我们缺文化。

　　全球空气污染最严重的10个城市排名中,7个在中国,包括首都北京。在实行环境监测统计的300个中国城市当中,70%处于或超过大气环境质量三级标准,已有七成城市不适宜居住。——我们缺公益。

　　……

　　印第安部落有一个恒久的规矩:就是旅行三天之后,一定要休息一天,以便让自己的灵魂跟上前进的脚步。他们发现肉身和灵魂脚步的速度有时是不一样的,肉身太快了会把灵魂走丢。

　　我们的民众、我们的民族在天天向前奔,"一万年太久,只争朝夕"。我们走过改革开放近40年,走过了新中国成立近70年。从辛亥革命至今,已走过整整一个世纪!

　　我们的民族似乎也该暂时休整,让灵魂跟上脚步?

当我们平心静气，回溯和反省我们已经走过的历程——

我们会发现：我们的国力强盛了，物质优越了，个性张扬了，生活开放了……

可我们也会发觉：人心似乎更浮躁了，功利更强烈了，修养更淡薄了，人文更缺失了……

当我们痛惜"仁爱""正义""清廉""文化""公益""悲悯"……在我们身边日渐式微的时候，一个曾经五千年文明的礼仪之邦君子渐稀的时候，作为一个堂堂的中国人难道在心里没有一点怅然若失的惋惜？

民族的尊严会让我们从心底里呼唤：

归去来兮，君子！

归去来兮，君子之道！

二

君子，景行行止

（君子十大人格）

1. 君子以德

> 君子以德，小人以力。
> ——《荀子》

君子以德行立身于世，小人以权势财富炫耀于世。

中华民族自古倡导的立人之本都是：道德。提倡用贤能的美德来示范天下。

尧帝禅位给舜时说，你执政要秉公为民，若四海民生困苦，你的天职就终止了（《论语》：四海困穷，天禄永终）。舜帝禅位给大禹时说，如果你做错了事，千万别牵累百姓；如果百姓有什么过错，都是你的责任（《论语》：朕躬有罪，无以万方；万方有罪，罪在朕躬）。

汉代采取"举孝廉"的方式选拔俊彦。孝，是指孝顺父母的儒生；廉，是指办事廉正的基层官吏。由底层推荐入选，层层上达。

一个叫李密的儒生，曾在蜀国刘禅底下做官。后晋灭蜀后，李密便返回故里侍候年老多病的祖母，由于祖孙二人长期相依为命，李密敬奉长辈无微不至的孝心感动了邻里、州官,并传到皇廷。晋帝下诏叫李密入宫做官。李密却迟迟不受命。州官亲临家门催促,李密无奈,于是写下了感动世人、流传千古的《陈情表》:"皇帝啊,臣无祖母,活不到今天;祖母无臣,不能安享天年。我们祖孙二人相依为命,寸步不能相离。我今年44岁,祖母今年96岁,臣报答皇上的日子来日方长,而报孝祖母的时日却微乎其微了!鸟雀皆有反哺之情,祈望皇上能赐我终养祖母的请求!……"晋帝为李密感天动地的真情所折服,于是特派了两位侍女到李密家奉老,直到为李密祖母送终。这应该说是"君子以德"的结果。

君子以德

清康熙年间,张英在朝廷当文华殿大学士、礼部尚书。老家桐城的老宅与吴家为邻,两家府邸之间有块空地,供双方来往交通使用。后来邻居吴家建房,要占用这个通道,张家不同意,双方将官司打到县衙门。县官考虑纠纷双方都是官位显赫的名门望族,不敢轻易了断。在这期间,张家人写了一封信给在北京当大官的张英,要求张英出面干涉此事。张英收到信件后,给家里回了四句话:

千里来书只为墙,让他三尺又何妨?
万里长城今犹在,不见当年秦始皇。

家人阅罢，明白其中意思，主动让出三尺空地。吴家见状，深受感动，也主动让出三尺房基地，这样就形成了一个六尺宽的巷子。两家礼让之举和张家不仗势压人的做法传为美谈，已成典故。

至今这"六尺巷"风貌依旧，位于安徽桐城。成为"君子以德"的标志文物。

我们试想，如果张英以权势压迫欺人，便是"小人以力"，还会有这个美好的结局吗？

2. 君子不器

君子不器。

——《论语》为政篇

君子不能做别人的工具。

器，用具的总称。比如器皿、器物、器械、木器、武器。所有的器，都是没有思想、没有灵魂的东西，都是供人使用的工具。

中国历代大大小小的皇帝及附庸都希望百姓为称手好使的工具，百依百顺，俯首帖耳。特别是满清王朝这一思想达到极致，开创了中国的奴隶文化。雍正说，"惟以一人治天下"；乾隆说，朕是英王，天下都是奴才，只动身不动脑的奴才。所以满天下的国民见皇帝就跪地喊："喳！"

谁真愿当奴才？是慑于专制者的权势。趋利避害是人之常情。

然而历史上就有那么一些"不器"的人。

东晋时，陶渊明时任县令。有一天，皇城派官下来巡查，别人就劝他穿戴整齐去迎接。陶渊明是个品味极高、自由率性的人，鄙夷阿谀逢迎那一套，于是便说了句："吾不能为五斗米折腰，拳拳事乡里小人邪。"后来辞官，隐居山林。著有千古传诵的美文《归去来兮辞》。

　　李白的才华曾一度得到唐玄宗的赏识，并留他在宫廷做事。他不以功名显露，却高自期许，藐视权贵，曾流传了"力士脱靴""贵妃捧砚""御手调羹""龙巾拭土"的潇洒故事。后来遭宦官的毁谤和翰林的嫉妒离开长安，却写下了"安能摧眉折腰事权贵，使我不得开心颜！"的人格华章。

　　明朝有个清官叫海瑞，他目睹皇帝一天到晚沉溺于鉴宝炼丹，不理国事，很是担忧，于是在1566年农历二月，在棺材铺里买好了棺材，并且将自己的家人托付给了朋友。然后向明世宗呈上《治安疏》，批评皇帝迷信巫术、生活奢华、不理朝政等弊端。明世宗读了海瑞的《治安疏》，十分恼怒，把《治安疏》扔在地上，对左右说："快把他逮起来，别让他跑掉了！"宦官说："此人向来有傻名。听说上疏前，知道冒犯该死，就买了棺材并和妻子诀别，他自己是不会逃跑的。"明世宗听后默然无言。过了一会儿又开读海瑞的上疏，一天里，边读边叹息，最后把《治安疏》保存在宫中。他说："海瑞这个人可和比干相比，但朕不是商纣王。"

　　海瑞是君子，没有做皇帝的"器"。

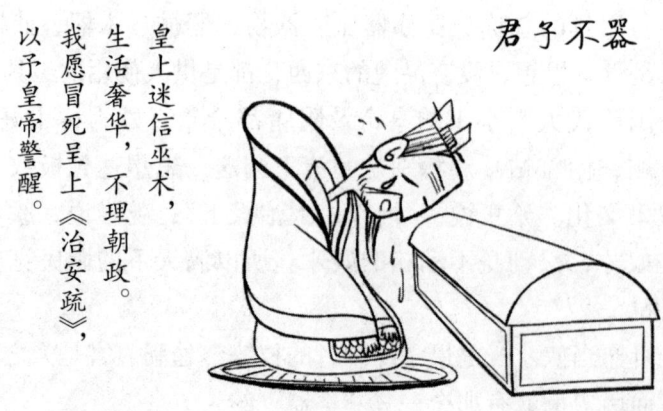

君子不器

皇上迷信巫术，生活奢华，不理朝政。我愿冒死呈上《治安疏》，以予皇帝警醒。

　　当代有个马寅初先生，满腹经纶，秉性仗义执言，其倔强个性遐迩闻名。马老曾当过蒋介石的老师。抗日期间，蒋介石送来名片，用委员长的名义请他赴宴。马老对来人说："委员长是军事长官，我是个文职，文职不去拜见军方！再说我给委员长讲过课，他是我的学生。学生不来拜见老师却叫先生去拜见学生，岂有此理！"蒋又派人游说："委员长说了，您是他的老前辈，既是老师又是浙江同乡。委员长推荐您任财政部长，或任中央银行行长。"马老笑道："你们想弄个官位把我嘴巴封住，办不到！"来人说："那么，请马老先生买些美钞吧，政府批给您一笔外汇，这可是一本万利的生意啊！"马老答道："不，不！这种猪狗生意我不做！我不去发这种国难财！"

1955年，马老提出《新人口论》，告诫社会：中国人口增长率已达到30‰以上，照此下去，50年后中国就是26亿人口，人多地少的矛盾将造成社会灾难。他的观点曾多次遭到批判。批判一次，他却坚持一次。他不仅向当时的《光明日报》提出挑战，还在全国性大批判后，发表《重申我的请求》，坚守初衷："过去二百多位先生所发表的意见多是大同小异，新鲜的东西太少，不够我学习。"随后自动请辞北京大学校长职务。

苍天有眼，真理终归是真理。最终，正义回到他身边。君子，高山仰止。马老活了101岁。

孔子倡导"君子不器"，并非鼓励君子犯上。而是告诫不为愚忠，要成为有独立思考的智者。孔子也身体力行，当游说诸国国君不成也不勉强为官，而是回归故里讲学。最终在自己的教学生涯中找到了理想的精神家园。

3. 君子慎独

> 君子必慎其独也。
> ——《大学》

君子必须谨慎规范地对待个人独处的时候。

为什么要慎独呢？作为人，慎独很难。原因与人的功利意识和信仰意识有关。

人性本恶，都有功利之心。在众目睽睽之下装模作样赢得美誉褒奖那是物有所值。人去楼空，还这么一本正经不是发傻？所以古往今来，那些在场面上能说会道、呼风唤雨的人，一般都不是善人。拿孔子的话说就是："巧言令色，鲜矣仁。"

无信仰的人天不怕地不怕，心中没有敬畏。不讲良心，不信天地，不管身后，不信灵魂。人多就规规矩矩，无人就禽兽不如。台上是英雄，台下是狗熊。上班"文明不精神"；下班"精神不文明"。如《大学》所言："小人闲居为不善，无所不至。"这种人我们在现实生活中还见识得少吗？

君子不能这样，也不会这样。

明朝焦竑的《玉堂丛语》记载了这样一个故事：

明代一位典吏（检察官员）曹鼎，在一次捕捉盗贼的时候，抓到一名绝色女贼。由于离县衙路远，夜宿一座庙中。月光下，女贼千方百计以色相引诱他。曹鼎实在熬不住了，就写下了"曹鼎不可"四个字贴在墙上警醒自己。而后又转念一想，这荒山野外谁能知晓，于是又把纸条撕下来破门而入。刚近女贼旁边又觉不妥，这不是因私欲而废公法吗？又退出来把纸条贴在门上。可过了一会儿又想，这送到嘴边的肉不吃不是太傻了？再说她是犯人，做了坏事她也不敢说，半夜里欲火焚身，压抑不住，于是再把纸条撕下来。可进门见女贼已睡又停步了，心想这是乘人之危，是不道德的……就这样一夜折腾了十几次，终于保住了廉洁之身。

英雄难过美人关。慎独难啊，只有君子能闯关。

东汉时有一位被誉为"关西夫子"的清官杨震。他任荆州刺史时，发现一个叫王密的人才华出众，便向朝廷举荐。朝廷接受了杨震的举荐，委任王密为山东金乡县县官。王密对杨震的知遇之恩十分感激。于是有一次，他私下拜会杨震，执意要送上十两黄金以表谢忱，并低声说："主公，这黑夜里无人知道，您就放心收下吧！"杨震脸色阴沉，斥责道："你送黄金给我，有天知、地知、你知、我知，怎么能说无人知道呢？自古君子慎独，我岂能做出违背道德的事？"王密羞愧难当，于是急忙起身谢罪，收起金子走了。

杨震之所以能坚守住自己道德的底线，是因为他有敬畏之心。他那句"天知、地知、你知、我知"，已成为千百年来官员们自律的警示牌。

《五元灯会》上曾载有一则故事：

由于战乱，普陀寺的众禅师决定迁移庙址。在迁徙途中，只有豫通大师一人坚持早课，从不荒废。有人劝他："此处无佛，大师可不必如此。"

豫通大师答道："此处无佛，我心有佛。既诚我心，是诚我佛。"

这就是孔子所说的"诚于中，形于外"。

一个人只有表里如一、诚心诚意立身于世，才能"慎独"，才能有君子之德。

4. 君子固穷

君子固穷，小人穷斯滥矣。

——《论语》

君子能固守穷困，不因贫穷而失志滥行；而小人一旦穷困就会乱来。

富有和贫穷对于人不是永恒的。谚语说："三穷三富不到老。"

贫穷往往是一个人生命的一段路程。只不过有的人长，有的人短罢了。

"人穷志短"，贫穷像一个乞丐，常常遭人鄙夷——"笑贫"。

"饥寒起盗心"，贫穷又像一个巫婆，常常引诱人作恶。

只有君子能固守穷苦，"贫贱不能移"，永葆赤子之心。

孔子及其众多弟子在几千年前就为我们作出了表率：

孔子一行入陈、蔡边境，遇到了一支军队，逼迫他们回陈国去。原来，陈君得知楚君要重用孔子，为自己没用孔子而感到后悔，于是派军队围住孔子，并放出一个口子，逼迫孔子及其弟子回到陈国。但是，在围困面前，师徒数人没有低头，他们坚守了一个君子的节操，直到楚国援兵的到来。

孔子有个弟子叫原宪，出身贫寒，住在睢阳城内一个小巷内，住房狭窄简陋，上漏下湿，粗茶淡饭，生活极为清苦。原宪却不以为然，整天端坐里面，兴致勃勃地弹琴歌唱，不肯与世俗合流。有一天，他的做了大官的同窗好友子贡，坐着驷马高车，衣着华丽，前呼后拥，浩浩荡荡来宋国看望他。因陋巷狭窄高车无法通过，只好下车步行。

原宪闻好友光临，便身着旧衣，头戴破帽，足穿烂鞋，手拄青藜杖，出门迎接。子贡见原宪衣帽不整，穷困不堪，冷讽道："唉，学兄莫非得了什么病？"原宪淡淡一笑："无财叫做贫，学圣贤之道而不能用谓之病。我是穷而不是病。像那些与世俗同流合污，结党营私，仁义之道闭口不谈，只讲坐好车、骑骏马、衣华裘，这样的事愚兄不忍做啊！"

原宪在道义上的持守使他底气十足，身处贫寒而精神强大，使以富贵傲人的同窗相形见绌，子贡听罢学长的话非常惭愧，不乐而去，终身悔已言之过甚。

杜甫是历代墨客骚人中最值得称道的君子之一。身逢乱世，仕途艰辛，一辈子流离颠沛，贫穷潦倒；一辈子忧国忧民，笔耕不辍。我们可以从他的代表作《茅屋为秋风所破歌》中去领会他"君子忧道不忧贫""君子固穷"的品格：

乾元二年（759年）夏天，关中大旱，杜甫弃官辗转来到成都，经朋友严武引荐在当地做了一个小官。朋友们还筹钱替他在西郊修了一座草堂，世称"杜甫草堂"。

那一年，秋风怒号，把他这草堂的茅屋盖卷走了。邻里不懂事的小孩还将散落在地的茅草抢走，他呼得唇焦口燥都唤不回来。天冷啊，被盖已用多年，又薄又破。大雨下个不停，卧室漏雨，无一干处。自安史之乱以来就忧国忧民，少睡眠缺休息，像如今雨湿整夜，怎么能挨到天明？

"哪个时候才能有千万栋广厦，让天下贫穷的人都能欢乐安居于内？风吹不动安之如山。哪个时候在我的眼前能出现此物啊，即便我的茅屋独破，即便我冻死也心满意足！"（安得广厦千万间，大庇天下寒士俱欢颜。风雨不动安如山。呜呼！何时眼前突兀见此物？吾庐独破受冻死亦足！《茅屋为秋风所破歌》）

一个才华横溢而身陷穷困的人，既不怨天也不尤人，更不"穷斯滥矣"，而是想到更多的天下寒士，宁可"舍身成仁"，这就是杜甫！这就是君子！

孔子推崇的"君子固穷"，并非主张你永守穷困。

孔子说："富而可求也。虽执鞭之士，吾亦为之。"（《论语·述而》）他说：富，是可以去追求的。即便是当马车夫，我也愿意去干。

在你无条件富有的时候，就坚守住穷困；在你有条件富有的时候，你就远离穷困。只是要注意一个原则："见得思义。"（《论语·季氏》）所有的得来之物必须建立在道义之上。

5. 君子必辩

君子必辩。凡人莫不好言其所善,而君子为甚焉。
——《荀子·非相》

君子必定是能分辨是非的人。普通人都喜好推崇善道,君子尤甚。

君子博览群书、修身养性、能说会道,有推崇善道的条件;君子"忧道不忧贫"、"义以为上",有推崇善道的热情和勇气。

君子必辩

春秋时期,一个叫邹忌的谋士,通过妻子、小妾赞美自己"美"的事情悟到了:一个人不能偏听偏信。于是联想到国家的隐患,竟大胆进宫,劝说齐威王别沉迷在大臣、宫女、四邻的欺言骗语之中,否则国家有难、百姓有难。邹忌难道不知道一个普通小臣,要去直谏皇帝过失、给皇帝提意见所遭际的风险吗?"危言耸听"、"恶意犯上"、

"欺君之罪"，任何一点沾上都是死罪。可齐威王不仅没动怒，还当即采纳了他的意见，并宣布凡是能向他进谏的人统统给予奖励，能当面指责他过错的，还给上赏。这是我们中学语文课都学过的《邹忌讽齐王纳谏》一文中的故事。邹忌做了一件有惊无险、功德无量的事。看来推崇善道，邹忌是既有勇气也有胆识。

1894年甲午战争，中国败于日本。接着签订《马关条约》，中国割让台湾及辽东给日本，还赔款白银二亿两。满清如此卖国求荣的行径必定激起有良心的中国人的愤慨！消息传至，正值乙未科进士在北京考完等待发榜。应试的举人群情激愤。台籍举人更是痛哭流涕。4月22日，康有为写成《上今上皇帝书》，18省举人响应，1200多人联署，提出"拒和、迁都、练兵、变法"等主张。康有为、梁启超以"变法图强"为号召，在北京、上海等地发行报纸，举行集会、讲演，宣传维新思想。著名政治家谭嗣同等"戊戌六君子"也积极配合，大力宣扬，倡导废科举、兴学校、开矿藏、修铁路、办工厂、改官制等变法维新政治方略。1898年9月21日，慈禧太后发动政变，囚禁了光绪皇帝，同时逮捕了谭嗣同等六人。9月28日，在北京菜市口将"戊戌六君子"杀害。

38年之后，在中国又出现了一个"七君子事件"。沈钧儒、邹韬奋、李公朴、章乃器、王造时、史良和沙千里，于1936年5月在上海发起成立全国各界救国联合会，要求国民党停止内战、释放政治犯、与中共谈判，建立统一抗日政权等。对此，国民党竟以"危害民国"的罪名，逮捕了沈钧儒等七位救国会的领导人。在全国各界掀起了声势浩大的营救运动之后，蒋介石政府迫于压力于1937年7月宣布释放七君子，并于1939年2月最后撤销了起诉书。

"六君子"、"七君子"，只有君子才是正义的马首，社会的良心。"舍身成仁"往往是君子的归宿。但它显耀出的民主、正义的光辉和"君子必辩"的精神，永远是一代又一代中华子孙的心灵导师！

"君子必辩"精神，实质上就是当今提倡的"社会担当"精神。

6. 君子怀刑

> 君子怀刑，小人怀惠。
> ——《论语》

君子心中常常想到的是法律，小人心中常常惦念的是实惠。

一个国家建立在法制之上就会兴旺发达，建立在专制之上就会日渐消亡。君子以"治国平天下"为己任，宣传和维护法制并身体力行便是其一生的追求。

三国时期的传奇人物诸葛亮，一生跟随刘备征战南北，"受任于败军之际，奉命于危难之间"。蜀国国事，事无巨细，每必亲躬。尽管大权在握，他对子侄辈的要求却极其严格，不以自己位高权重而特殊对待。他的亲侄儿诸葛乔与诸将子弟一起，率兵转运军粮于深山险谷之中。马谡失街亭后，按军纪办事他引咎自责，上疏后主刘禅，"请自贬三等"。

诸葛亮生前给后主刘禅的一份奏章中，对自己的财产、收入进行了申报："成都有桑八百株，薄田十五顷，子弟衣食，自有余饶。至于臣在外任，无别调度，随身衣食，悉仰于官，不别治生，以长尺寸。若死之日，不使内有余帛，外有赢财，以负陛下。"诸葛亮去世后，其家中情形确如奏章所言，可谓内无余帛，外无赢财。三国时期，蜀国境内"刑法虽峻而无怨者"，很重要的一个原因，便是名相诸葛亮敬畏刑律，严于律己，一身清廉使然。

狄仁杰是中国历史上少有的敬畏法律的清官。有一次，守卫昭陵的一个军士将坟墓边的柏树砍了几棵,狄仁杰按法规免了卫队长的职。但唐高宗却十分不满意,动了他家祖坟的人必须要杀头!

狄仁杰再三说服,高宗反倒越发生气动怒。旁边的人都劝狄仁杰赶紧离开唐高宗,否则自己的头都保不住。然而狄仁杰没有走。他坚持继续劝说皇帝:国家制定法律处置罪犯的条例都是你御旨批准并张贴在市面上的。如果滥砍小树是一般处罚,而因为是你的祖坟就变成死刑。那么今后的法律怎么去执行?如果事事都要经你批准,那么国法岂不变成了家法?如果砍了昭陵的树要判死刑,如果有人盗了一抔土,又怎么处罚呢?我不愿多年后皇上背一个滥杀无辜的罪名,所以敢冒死进谏,死有何憾?

最后,唐高宗取消了原来的主意,赦免了卫队长的死刑。还叫人把狄仁杰的事迹编入史册,称他是难得的好官。

试想,如果没有像狄仁杰这样一批对法律死心坚守的君子,也就不会有唐高宗时代的"永徽之治"。

林则徐也是敬畏法律的君子。1838年,他奉旨赴广州查禁鸦片时,特发了一道《传牌》,也可以说是

他的"廉政公示"。对沿途接待事宜作了明确规定:一不准下属远迎,二不准摆酒席,三不准索贿受贿。他强调"言出法随",要求"沿途各州县驿站官吏准此"奉行。

看来,敬畏法律、遵从法律,自古以来就是儒家君子的瑰意琦行。

7. 君子役物

> 君子役物，小人役于物。
> ——《荀子·修身》

君子是物质财富的主人，小人却是物质财富的奴隶。

司马迁《史记·货殖列传》里有一句话："天下熙熙皆为利来，天下攘攘皆为利往。"它的意思是说，天下来来往往的人群都是在为财物而忙，利益而忙。这是人的共性：要生存。这没有错。但一个人又不能仅仅做物欲的奴隶——特别是君子——他不能仅仅为生存活着，必须有精神的追求，为推崇善道仁义而活着。所以君子役物，他须做财物的主人。

清代名臣于成龙，被康熙称为"天下第一廉吏"。他在四川合州上任期间，其长子廷冀两次来看望他，都跟仆人吃同样的粗茶淡饭。儿子临走时，他只割了半只熟鸭及一点红薯给儿子路上充饥。于成龙从此多一外号叫"于半鸭"。后来，于成龙担任湖广黄州府同知，由于他为官清廉，天天以糠粥为食，又得一外号"于糠粥"。

直到十几年后升任两江总督，住在南京这座繁华的都市里，于成龙依然不改淡泊本色，生活仍然极为简朴。平时招待客人都以青菜为主，所以大家送他"于青菜"的外号。

最终他病逝于任上。遗产仅盐米数升、布被一床、袍服一件、靴带两条。江宁百姓罢市而哭，百姓给于成龙烧纸钱，被其子廷冀阻挡。廷冀说：老父阳世不贪一文，阴世也一样。

金钱利禄，君子淡然。

唐宋八大家之一的苏轼也是一个淡泊利禄的人。他21岁中进士，前后做了40年官。仍然两袖清风过日子。做官期间，非常节俭，常常精打细算过日子。

公元1080年，苏轼被降职贬官来到黄州，由于薪俸减少了许多，他在朋友的帮助下，弄到一块地自己耕种。为了不乱花一文钱，他实行计划开支：先把一年所有的薪俸收入计算出来，然后平均分成12份，每月用一份；每

君子役物

份中又平均分成30小份，每天只用一小份。钱全部分好后，按份挂在房梁上，每天清晨取下一包，作为全天生活开支。他管钱财，非钱管他。所以才有他对物质世界"天地之间，物各有主。苟非吾之所有，虽一毫而莫取"的坦荡胸怀。

美国有个"爱国百万富翁"联盟，成立于2010年，目前有两百多名成员，参加这个组织的人，都是年收入在百万美元以上的商人。他们参加联盟的目的，主要是要求联邦政府向他们这批高收入者加税，这些话听起来真是有悖于常理。富翁联盟愿意通过多交税来帮助政府度过财政赤字难关。他们的理念是："我们关心我们的国家与关心我们自己的钱如出一辙。"为了推动国会、白宫向高收入者征收较高税率，"爱国百万富翁"联盟自成立以来，已经屡次派出成员到华盛顿游说陈情；2015年，他们还在自己的网站上发出一封给奥巴马总统的公开信，明确阐述了他们的想法。在信中他们表示，国家为高收入人士提供了成功的机会，所以现在是高收入人士回报国家的时候了。——这就是君子的金钱观，不为物欲所惑，让财物用于善道，用于仁义。

8. 君子坦荡

> 君子坦荡荡，小人长戚戚。
> ——《论语·述而》

君子心胸平坦而宽广，小人却常常忧虑重重。

一个人的心怀和气量，往往决定了这个人的高度和成就。李斯《谏逐客书》说："是以泰山不让土壤，故能成其大；河海不择细流，故能就其深；王者不却众庶，故能明其德。"君子都有大海一般的胸怀，能容人、让人、识人、使人；又有高山一般的气质，无欲则刚、光明磊落。小人的鸡肠小肚、患得患失，是不可与之同日而语的。

春秋时期，鲍叔牙和管仲是好朋友，彼此相知很深。两人曾经合伙做过生意，分利的时候，管仲总要多拿一些。朋友都为鲍叔牙鸣不平，鲍叔牙却说："管仲不是贪财，而是他家里穷呀。"管仲几次帮鲍叔牙办事都失败，三次做官被撤职，别人说管仲没才干，鲍叔牙却说："不是管仲没才干，只是他没碰上施展才能的机会。"管仲曾三次被拉去当兵，而且三次都逃跑。人们讥笑他贪生怕死，鲍叔牙再次直言："管仲不是贪生怕死之辈，他家里有老母需要奉养啊！"

后来，鲍叔牙当了齐国公子小白的谋士，管仲却为齐国公子纠效力。在两位公子回国继承王位的争夺战中，管仲曾驱车拦截小白，引弓射中小白的腰带。小白弯腰装死，骗过管仲，日夜驱车抢先赶回国内继承了王位，称齐桓公。公子纠失败被杀，管仲也成了阶下囚。齐桓公登位后，要拜鲍叔牙为相，并欲杀管仲报一箭之仇。鲍叔牙却坚辞相国之位，并指出管仲之才远胜于己，劝说齐桓公不计前嫌。齐桓公于是重用管仲,最终成为春秋五霸之一。

　　管仲的发达,齐桓公的得势,均仰仗了鲍叔牙这位君子的坦荡胸怀。

君子坦荡

知我者鲍叔牙。

懂我者管仲。

　　还有一个世人皆知的战国时期故事:

　　渑池会结束以后,蔺相如因功劳大被封为上卿,位在廉颇之上。

　　廉颇心里很不平衡,说:"我是赵国将军,有攻城野战的大功,而蔺相如只不过靠能说会道罢了,可地位却在我之上,我感到羞耻!我哪天遇见一定要羞辱他!"蔺相如听到后,不肯和他相会。蔺相如每到上朝时常常推说有病,不愿和廉颇去争位次。没过多久,相如外出,远远看到廉颇便掉转车子回避。

　　相如的门客觉得主公不对劲,就一起来进谏说:"我们来侍奉您是仰慕您的节义。如今您与廉颇官位相当,廉将军口出恶言,您却胆小躲避他,您也太过分了吧,普通人尚且感到羞耻,何况你是身为将相之人!我们感到没出息,请让我们告辞吧!"

　　蔺相如说:"诸位认为廉将军和秦王比,谁厉害?"回答说:"廉将军比不了秦王。"相如说:"以秦王的威势,我竟敢在朝廷呵斥他,并羞辱他的群臣,难道我还会怕廉将军吗?但我想,强秦所以不敢对赵国用兵,就是因为有我们两人在。如若两虎相斗,势必不能共存。我所以这样忍让，是为了把国家的急难摆在前头，把个人私怨放在后面。"

廉颇得知，十分羞愧，负荆请罪。二人终于言归于好，成为生死与共的好友。

蔺相如不愧有君子风范。

9. 君子两进

> 君子两进，小人两废。
> ——《荀子·不苟》

君子在成败、得失、荣辱等两种状态下都会进步，而小人在这两种状态下都会堕落。

君子之心往大处用就会敬奉自然，往小处用就会敬畏礼仪；聪明就会明智通达，愚钝就会端正诚笃；被重用，就会敬业而不骄纵，不见用，会无怨而自励；快乐时，会平和地处事，忧愁时，会冷静地调理；富有则文雅而疏财，穷困则固守而明理。

小人则相反，如果心往大处用就傲慢粗暴，往小处用就邪恶奸诈；聪明就巧取豪夺，愚钝则残忍作乱；被重用则狂喜傲慢，不见用则怨恨险恶；快乐则轻浮急躁，忧愁则垂头丧气；富有就骄横荒淫，穷困就自暴自弃。

小人不能有钱。俗话说："有钱就变坏。"

所以，孟子说："为富不仁矣。"

君子则不同，有钱便"仗义疏财"，"达则兼善天下"。

范蠡，既是名相，也是商业奇才。他帮助勾践雪耻后便辞官引退，游走各国，从事商业买卖。很快就积累下千金家财，成了齐国首富。齐王得知范蠡的才能，便拜他为相。然而，手执相印的范蠡却想到生活艰辛的百姓。于是他将财富全部接济穷人，辞去了相职，重以布衣之身前往位于齐、宋、卫交界的陶地。范蠡认为这里是天下中心，与各国交通便利，在此贸易必可致富。于是化名陶朱公，再次开始经商。果然不久后又大获其利，家产第二次累至千金。后来他发现，陶地同样有许多人贫苦不堪，于是又一次将千金散尽资助百姓。范蠡在十九年经商中曾"三至千金"，每一次都将千金巨富倾囊赠出。在布施财富之余，范蠡还不忘传授百姓经商之道。

君子两进

羽毛不丰，不可高飞。

小人不见用，则怨恨险恶；君子不见用，则无怨而自励。

苏秦，年少时师从鬼谷子，学成后，外出游历多年，曾游说秦王。秦王说他"毛羽不丰，不可以高飞"。于是形容枯槁，潦倒而归。回家后，妻子不理他，嫂子不做饭，父母不与他言。苏秦感伤，再次发奋苦读经书，夜以继日。疲倦了，便"头悬梁，锥刺股"。一年后游说列国，被燕文公赏识，出使赵国。苏秦到赵国后，提出合纵六国以抗秦的战略思想，并最终组建合纵联盟，任"从约长"，兼佩六国相印，使秦十五年不敢出函谷关。联盟解散后，齐国攻打燕国，苏秦说齐归还燕国城池。后自燕至齐，从事反间活动，被齐国任为客卿。

苏秦成功后，父母闻讯清宫除道，张乐设饮。妻侧目而视，倾耳而听。嫂子四拜而跪谢。苏秦感叹说："人生世上，功名利禄都不能忽视啊。"

大则为国，小则齐家，所以君子，逆境时也能奋起走向成功。

10. 君子道长

君子道长，小人道消也。小人道长，君子道消也。

——《易经》

君子之道长进，小人之道就消亡；小人之道长进，君子之道就消亡。

如像阳光与黑夜、正义与邪恶、道与魔。"彼一时，此一时"。此消彼长。阳光明媚，黑夜消亡；正义弘道，邪恶退隐。道法倚天，魔力衰竭。反之亦然。

君子以弘扬仁道，"治国平天下"为己任，"君子道长，小人道消"便是他终身追求的目标——这既是他义不容辞的使命，也是他缅怀于心的美德。

孔子拜会老聃回来以后，感触良深。他既欣赏佩服老聃的学识智慧，又对他艰深遁世的做法深感忧虑。一阵冥思苦索之后，他召集弟子说："一个人如果践行隐僻的奇异道理，做些怪诞的事情来称奇于世，后人也许会记述他，为他立传，但我绝不会这样做。有些善人按照中庸之道行事，但半途而废，不能坚持下去。我是绝不会停止的。真正的君子遵循中庸仁义之道，即便一生默默无闻无人知晓也义无反顾。当然，这只有圣人才能做得到。"（《中庸》：素隐行怪，后世有述焉，吾弗为之矣。君子遵道而行，半途而废，吾弗能已矣。君子依乎中庸，遁世不见知而不悔，唯圣者能之。）

孔子自己做到了。当他带领弟子，怀揣治国方略，游历诸国，说项十余年未成。归回故里已垂垂老矣。既没有静心养性，安度晚年，也没有遁世隐居，修行来世。实践和成就他个人的完美已不是他的理想。"独善其身"是不行的，必须"兼善天下"！一个孤独的君子是不行的，必须成就君子群，让君子之道长进、光大，才能实现礼仪之邦，致天下太平。

君子道长

孔子68岁开办学堂，兴起教育。三千弟子，七十二贤人。开创儒家学说，推崇仁道，为中华民族乃至人类社会做出了高风亮节的君子楷模。

"君子道长"，实质上已是一面具有浓郁使命感的道德旗帜。一个社会的公平正义，是由这个社会的所有君子的道德风尚所引领、奋斗而得来的。

比如黑奴、黑人，在人类生存的这个地球上长期以来是同耻辱、歧视联系在一起的。从公元元年葡萄牙人捕获逃亡的伊斯兰异教徒为奴隶开始，到哥伦布发现新大陆后在欧洲开启大批奴隶市场，贩卖黑人已成为这个唯利是图世界的合法交易。黑人已非人类，是商品和任人宰割的工具——这种社会现象是"小人道长，君子道消"造成的。但是邪恶不会长久，随着一代代"君子"的努力——君子唤起正义、唤起民众，到而今最终在世界范围内实现黑人与其他人种的平等相处。奥巴马作为第一个黑人混血人种也当上了美国总统。我们不能忘记这一场旷世日久的伟大斗争中，有这么一批卓越的"君子"为此献出了青春和热血：

哈莉特·塔布曼，美国废奴主义者，杰出的黑人废奴主义运动家。她本人就是一个逃跑的奴隶，帮助许多黑奴逃亡，被称为"黑摩西"或"塔布曼将军"。

美国伟大的林肯总统，1862年9月，颁布《解放黑奴宣言》，废除了黑奴制，宣布黑奴是自由人。1865年4月，被异教徒报复杀害。

杰出的美国民权运动领袖马丁·路德·金，1963年发表《我有一个梦想》的演说，并因此获1964年诺贝尔和平奖。1968年4月被白人优越主义者刺杀身亡。

南非首位黑人总统纳尔逊·曼德拉，因领导反种族隔离运动被法院定罪，入狱服刑27年。被尊称为"南非国父"。1993年获诺贝尔和平奖。

……

君子人格之所以为世人所景仰，在其"舍身成仁"的高尚精神。

我们的社会需要"君子道长"，我们的社会期望"小人道消"。由此，我们越发期待更多的君子出现，越发期待更美的社会风尚到来。

第二卷

君子
经文

(原文111条)

1.君子不器。

【出处】《论语》为政篇。子曰:"君子不器。"

【赏析】君子:是对有道德、学问的人的称谓。旧时泛指品行好的人。器:器皿、用具、工具。

朱熹《论语章句集注》说:器者,适用而不能相通。凡是有道德修养的人士,各种才能兼备,非为一才一艺。

陈立夫说:君子学问广博,不像一个器皿只限一个用途。

所以,君子不是别人的工具,也不是某一种定型的人才。

在孔子的眼中,君子肩负有"治国平天下"的重任,所以君子不能仅仅成为别人的工具,而要成为博学多能、无所不知的"通才",不能像器皿那样只有单一的用途。再者,从人格意义讲,君子既是仁德在心、知识在握、独具见解之士,岂能成为他人工具?这也体现了儒家安贫乐道、志存高远的亮节高风。"不能为五斗米折腰"的陶潜,"安能摧眉折腰事权贵"的李白,以及在"戊戌变法""辛亥革命"中那些舍身成仁的仁人志士、知识分子都属此种类型。

2.君子贞而不谅。

【出处】《论语》卫灵公篇。子曰:"君子贞而不谅。"

【赏析】贞:固守正道。谅:为了信用而不顾是非。

朱熹说:贞,正义而坚定。谅,即是无论是与非必须守信。

南怀瑾《论语别裁》说:这个"不谅"不是不原谅,是说一个君子,要真正的诚敬而不能马虎,不能随便违反正义。

陈立夫《四书道贯》说:君子坚守着正,不肯不问是非只顾全那小信。贞，作正解，义的意思。

所以君子要诚实、讲信用，但在大是大非面前也不拘泥于诚信，它必须服从于天下正义。

巴蔓子借了楚国的兵，答应割让三城为回报，但在施行时又感到丧权辱国而不能履约，于是杀身成仁，用生命维护了民族的尊严。

3.君子之道费而隐。

【出处】《中庸》第十二章："君子之道费而隐。"
【赏析】费：博大、广阔。隐：深刻、精微。
朱熹说：费，运用广泛。隐，体味精微。
陈立夫说：君子的道，公用虽很广大，实体却很细微。

君子的道广大而又精微。君子之道滋养和哺育了中华民族三千年，它的典范、思想覆盖了中国、日本、韩国乃至亚洲及全世界凡有中华文化的地方。它的人文意义博大精深，涵盖了人学、文学、哲学、教育学、社会学及国家学说等。

4.君子以厚德载物。

【出处】《周易》坤卦。《象》曰："地势坤，君子以厚德载物。"
【赏析】厚：深厚。载：装载。

南怀瑾说：坤卦这个符号是大地的代表，做人要效法大地。修养自己的学问道德，要效法大地之敦厚，尤其当领袖的人要包容，要能负担，别人的痛苦都能承担起来。"厚德载物"是中国文化儒家道家的最高学问。

君子应像大地一样，以深厚的美德去包容天下万物；要像天父，雄健阳刚而自强不息。首先要厚德，没有高尚美好的品格，便不能包容天下。换言之，要载物，必需美德。当今流行的话就是"做事先做人"。

5.君子思不出其位。

【出处】《论语》宪问篇。子曰："不在其位，不谋其政。"曾子曰："君子思不出其位。"

【赏析】思：思考、考虑。位：地位、职位。

南怀瑾说：不是自己的职掌范围。不必过分去干预职权。以现在政治思想来解释这句话的意义，就是"不要违反思想的法则"。如果用在做事方面，也可以说是不要乱替别人出主意。

陈立夫说：君子常想着不要越出自己所在的地位。

君子思考的问题不要超出他的职位所涉及的范围。不干预别人的工作，这样才便于维护在位者的独立执政能力和创新能力。

作为家庭这个团体讲，当外婆（姥姥）的别过多地去当"妈妈"，这不仅累，也不利于小孩的教育成长；当父亲的也不该总是去干预儿子的想法，而应让他早早独立。

君子思不出其位。

6.君子不亮，恶乎执？

【出处】《孟子》告子章句下。孟子曰："君子不亮，恶乎执？"

【赏析】亮：同"谅"，诚信。恶（wū）：表示疑问，作"何"、"怎么"讲。执：坚持、保持。

朱熹说：亮，信也，与谅同。恶乎执，是说凡事苟且的人，就没有什么拥有的了。

陈立夫说：此谓君子虽不固执，然亦必有所自信而坚守之。

君子不讲信用，还能保持什么品格吗？看来，诚信是人际交往的根本美德。孔子说："民无信不立。"

7.君子必慎其独也！

【出处】《大学》第七章："所谓诚其意者：毋自欺也，如恶恶臭，如好好色，此之谓自谦，故君子必慎其独也！"

【赏析】慎：谨慎小心。独：独处。

朱熹说：独者，人所不知而己所独知的地方。人必须为善以去其恶，当用其心力谨防自欺。

君子必须谨慎规范地对待独处。

诚，是君子永远遵从并身体力行的美德。如何来验证"诚"呢？曾子提出慎"独"，这确是一个高难考题，特别需要有敬畏之心。你躲得过法律却躲不过天良。反之一个无信仰的小人你就拿他没法。他表面一套、背地一套；台上高大上，台下假恶丑。许多名人大腕独处时也难免不偷鸡摸狗。时下不少人热衷于作秀，我们切不可盲信盲从他们的巧言令色。

8.君子不怨天，不尤人。

【出处】《孟子》公孙丑章句下：孟子去齐。充虞路问曰："夫子若有不豫色然。前日虞闻诸夫子曰：'君子不怨天，不尤人。'"

【赏析】天：天命、命运。尤：怨恨、归咎。

陈立夫说：君子从来不怨天命，也不怪别人。

君子遇到挫折或困难，从不会抱怨命运不公或者责怨他人。

现实生活中，一个地方没有管好，我们便责怪那儿刁民多；一个企业效益出问题，便埋怨时势维艰、部下懈怠；工作不顺心便埋怨领导霸道；孩子不好学，便责难教师不尽力……我们几时能真正学到面对自己找原因，做到不怨天，不尤人？

9.君子无所不用其极。

【出处】《大学》第三章。《诗》曰："周虽旧邦，其命惟新。"是故君子无所不用其极。

【赏析】极：极致、尽头。

南怀瑾说：是真君子，则没有哪一件事不极力随时反省，改过自新。"从前种种，譬如昨日死。从后种种，譬如今日生"。"无所不用其极"，便是彻底的"洗心革面"，是真的"自净其意"，并没有掩饰之处。

君子追求的每一件事都竭力做到尽善尽美。譬如：司马迁写《史记》、杜甫作诗文、包拯审法案、陶行知做教育……所以君子从某种意义上说，都是完美主义者，他们不希望平平庸庸、碌碌无为；即便是生命短暂，也像流星一般划过长空。

10.君子耻其言而过其行。

【出处】《论语》宪问篇。子曰:"君子耻其言而过其行。"

【赏析】耻:形容词动化,以某某为耻。其:代君子自己。言而过其行:指说得多做得少。

朱熹说:耻者,不敢尽之意。过者,欲有余之辞。

陈立夫说:君子只怕自己说的话超过了自己的行动。

南怀瑾说:要言而有信,讲话要兑现;牛吹大了,事实上做不到,这是君子引为可耻的。不要把话讲得超过了自己的表现,做不到的事绝不吹牛。

君子感到耻辱的事是:自己说得多而做得少。力求说得少而做得多。

近些年来,我们很欣赏那些"态度好"、"会说话"的人,这就无形中滋长了华而不实的"言"贩子,而伤害了踏踏实实的敬业者。

言行一致,行重于言。要知人,除了听其言更要观其行。

11.君子上达,小人下达。

【出处】《论语》宪问篇。子曰:"君子上达,小人下达。"

【赏析】上:仁义。达:晓达、明白。下:利益、恩惠。

朱熹说:君子遵循天理,天天都在进步;小人追求私欲,日日都在倒退。

陈立夫说:孔子说,"君子上达于德,小人则下达于利"。上为本,下为末。

南怀瑾说:自古以来,对于上达与下达的解释各有各的观点。综合一般的观点来解释,所谓"上达",以现在思想的习惯而言,就是比较形而上的、升华的。所谓"下达",就是比较现实的、卑下的。

君子用仁义道德使人明达上进,小人则用利益恩惠使人平庸低下。

12. 君子莫大乎与人为善。

【出处】《孟子》公孙丑章句上:"取诸人以为善,是与人为善者也。故君子莫大乎与人为善。"

【赏析】莫大:最大。为善:做善事。

朱熹说:与,给予、帮助。能劝导天下之人皆相互善待,那么这便是君子善行的最高境界。

君子最高的德行就是善待一切人。就须拥有恻隐之心、宽恕之心、包容之心。

"与人为善"也是当今百姓处理人际关系的第一准则。

13. 谦谦君子,卑以自牧也。

【出处】《周易》谦卦。初六:谦谦君子。用涉大川,吉。《象》曰:"谦谦君子,卑以自牧也。"

【赏析】谦谦:谦和的样子。卑:低下,卑谦。牧:治,约束。

王弼注:"牧,养也。"

高亨注:"余谓牧犹守也,卑以自牧谓以谦卑自守也。"

《象辞》说:"谦虚而又谦虚的君子",即使处于卑微的地位,也能以谦虚的态度自我约束;而不因为位卑,就在品德方面放松修养。

谦和的君子是用卑谦的态度来约束自己的。

君子总是自谦的,小人总是自负的。正如俗话说:"一瓶水不响,半瓶水响叮当。"

14. 君子役物，小人役于物。

【出处】《荀子》修身篇。传曰："君子役物，小人役于物。"
【赏析】役：奴役、驱使、主宰。物：物质、事物、财物。
君子能够主宰物质世界，而小人却被眼前的物质世界所奴役。

注重精神修养和伦理实践的人淡泊权贵，也就是说注重内心世界的人，对身外之物看得很轻。但小人及普通人做不到，所谓"天下熙熙，皆为利来；天下攘攘，皆为利往"（司马迁《史记》），在眼下这个物欲横流的世界，人们往往招架不住它的诱惑，算是无奈也罢，无助也罢。"理想很丰满，现实很骨感。"——一切都要钱才能办事。

然而无论怎样，道法自然，否极泰来，人心总是向善，回归精神家园永远是人类最终归宿和这个世界得以生生不息的永恒动力。

"役物"，永远是净化这个世界的圣灵圣行。

15. 君子欲讷于言而敏于行。

【出处】《论语》里仁篇。子曰："君子欲讷于言而敏于行。"
【赏析】欲：要，应当。讷（nè）：说话迟钝，这里指言语慎重。敏于行（xíng）：做事敏捷。

南怀瑾说："讷"，是嘴巴好像笨笨的；利嘴除了教书、吹牛、唱歌以外，没什么用。真正的仁者，不大会说空话，做起事情，行为上却很敏捷。换句话说，先做后说，不要光吹牛而不做。

陈立夫说：此谓君子言行一致，耻其言之过其实，宁先行而后言。

所以君子要少说话，多做事，且做事要雷厉风行。别学那些巧言令色者，说得漂亮却做得窝囊。

君子欲讷于言而敏于行。

16.君子疾没世而名不称焉。

【出处】《论语》卫灵公篇。子曰："君子疾没世而名不称焉。"

【赏析】疾：忧，担心。没世：离世。名不称：德行、名声不被人们称述。

陈立夫说：君子深恨身死以后，他那名没有人称道。

南怀瑾说：一个君子最大的毛病，是怕死了以后，历史上无名，默默无闻，与草木同朽。但是历史留名，谈何容易？历代的皇帝、宰相、状元我们知道几个？而他们对于历史、对于国家、社会贡献了什么？可孔子、释迦牟尼、耶稣留了名。在功业上的历史人物，文天祥、岳飞留了名，但却是少数。从这里看人生，多渺小！伊藤博文的话不错，求名当求万世名。人谁不好名？一个人真想求名，只有一途——对社会真有贡献。

君子担心死后自己的德行、名声不被人颂扬。

正因为如此，君子总是做能流芳百世之事，愿为后世人所称道。

17.君子以文会友，以友辅仁。

【出处】《论语》颜渊篇。曾子曰："君子以文会友，以友辅仁。"
【赏析】文：指道德学问的修养。辅：帮助。
朱熹说：讲学以会友，则道益明；取善以辅仁，则德日进。
南怀瑾说："君子以文会友"，这个"文"包括了文化思想。结交志同道合的朋友，目的在哪里？在于彼此辅助，达到行仁的境界。
君子用道德学问来结交志同道合的朋友，仰仗朋友之力来弘扬仁德。
现实生活中的这种交友方式已经凤毛麟角了。代之而起的是吃喝交友、打牌交友、游乐交友。孔子说："乐骄乐，乐佚游，乐宴乐，损矣。"一个人若与朋友相交是乐于放纵、乐于闲游、乐于吃喝，那将自损其德。
"君子之交淡如水。"君子与人相交在于精神，而物欲淡泊。——恰恰这种交往才是恒久的。

18.君子喻于义，小人喻于利。

【出处】《论语》里仁篇。子曰："君子喻于义，小人喻于利。"
【赏析】喻于义：喻以义，用义使之明白。喻，懂得、明白。义，仁义。利：利益。
朱熹说：喻，犹晓也。义者，天理之所宜。利者，人情之所欲。
陈立夫说：君子所晓得的是义，而小人晓得的是利。
南怀瑾说：与君子谈事情，他们只问道德上该不该做；跟小人谈事情，他只是想到有没有利可图。如果拿孔子这个观点来看今天的世界就惨了，今日世界的一切都是喻于利，处处要把利欲摆在前面才行得通。

君子用仁义道德使人明白事理，小人则用利益引导人跟从。

19.君子求诸己，小人求诸人。

【出处】《论语》卫灵公篇。子曰："君子求诸己，小人求诸人。"
【赏析】求：责求，要求。诸：之于。
朱熹说：君子都是在严格要求自己，小人正相反。这就是君子小人的区别。
陈立夫说：君子求自己，小人求别人。
君子自我要求严格，责任感强，勇于亲手去做；小人则不然，放纵自己，苛求别人，处处依赖他人。

20.君子矜而不争，群而不党。

【出处】《论语》卫灵公篇。子曰："君子矜而不争，群而不党。"
【赏析】矜：自重。争：争斗。群：合群。党：结私营党。
南怀瑾说："矜"是内心的傲，（骄傲是两回事。前面说过，没有真本事，看不起别人，是骄；有真本事而自视很高，是傲。）傲要傲在骨子里，外面对人不必傲，内在有气节，穷死饿死可以，绝不低头，这是矜。"群"则是敬业乐群，彼此相处融洽，但不营私，不走营私的路，走的大公之路。
陈立夫说：君子矜重而不争执，合群而不闹宗派。
君子自重而不与人争斗，合群而不结党营私，拉帮结派。

21.君子固穷，小人穷斯滥矣。

【出处】《论语》卫灵公篇。子路愠见曰："君子亦有穷乎？"子曰："君子固穷，小人穷斯滥矣。"

【赏析】固穷：固穷守困。斯：则。滥：胡来，乱来。

君子能固守穷困，不因穷困而失志滥行；小人一旦穷困就会胡作非为。

孔子评价他的学生说："颜回这个人，为了自己的远大理想，可以快乐地居住在简陋的小屋里。过着每天只有一盒饭、一碗水的清贫生活。即使面对任何人都无法忍受的苦难，他也绝不改变对理想所持的乐观态度。颜回真是一个出类拔萃的人啊！"

唐朝有位诗人叫刘禹锡，家境贫寒，在一个小山坡上修了间房。极其简陋。但周边风景如画，往来者尽是文人雅士。大家吟诗作画，赏景弄琴，无官务缠身，刘禹锡乐在其中。并为这破屋作赋，题为《陋室铭》。该文传诵至今，其间君子安贫的精神影响了一代代人。

22.天行健，君子以自强不息。

【出处】《周易》乾卦。《象》曰："天行健，君子以自强不息。"

【赏析】健：刚强、康强。

老子说："人法地，地法天，天法道，道法自然。"人的修养如效法大地一样，地给我们住，给我们生长万物，供我们食。我们一切依靠土地，人类没有土地就消亡了；另外我们还给土地留下垃圾、排泄物，可土地并不计较、无怨无悔，照旧生长万物来供我们食、用、享受。大地的襟怀可谓伟大浩瀚！我们人类心胸难道不应当要效法大地胸襟？

　　地是靠什么能够如此唯美、神灵？靠宇宙，靠天。同样天也是只有付出，没有回报，像太阳一样，只是彩霞满天，光芒万丈，无求得到什么。

　　而宇宙却是效法道，道是什么？是自然规律。这自然规律是我们人类无法解释的至圣之道。所以老子在《道德经》开篇就写了："道可道，非常道。"能够说得明白的道理不是真正的道理，最至圣的道理是无法言传的。没得什么效法了。

　　自然，是最高深伟大的道理。那么我们做人就应当效法自然法则——只有付出，不求回报。而这个付出就是——"天行健"。天体不断在动，永远在动，天假如有一秒钟不动，整个的宇宙都要毁灭了。好在它的"健"，好在它的"永恒"，千万年来都自强不息。

　　而我们作为人呢？便要遵循自然、效法自然，效法宇宙的精神，自强不息。永不止息、永不停步、永远上进、永远追求！

天行健，君子以自强不息。

23.君子坦荡荡，小人长戚戚。

【出处】《论语》述而篇。子曰："君子坦荡荡，小人长戚戚。"

【赏析】坦荡荡：心胸平和宽广、坦坦荡荡。长：常常。戚戚：忧虑重重。

朱熹说：坦，平也。荡荡，宽广貌。

陈立夫说：君子平常心地总是平坦而宽广，小人却经常局促而忧愁。

君子心胸平和坦荡，小人则常常忧虑重重。君子之所以能坦荡，是因为他淡泊物欲，一心弘道。追求的是"仁义"二字。这境界非亲非故、非私非利，所以他能坦然面对这个世界。而小人却不同，他整天思考的是怎么钻营，怎么将别人的钱弄到自己衣兜里。就难免不磕磕碰碰、担惊受怕、患得患失——他如何高兴得起来？

"人无远虑，必有近忧。"

24.君子以见善则迁，有过则改。

【出处】《周易》益卦。《象》曰："风雷，益。君子以见善则迁，有过则改。"

【赏析】善：善良、美好。迁：迁移、变化。过：过失、错误。

君子看见美好的行为就趋往学习，发现自己有过失就立即改正。

孟子从人性的角度出发，回答学生说："恻隐之心，人皆有之；羞恶之心，人皆有之；恭敬之心，人皆有之；是非之心，人皆有之。"

那么对于善我们应当采取什么态度呢？孔子："见善如不及，见不善如探汤。"就是说，对待善，总觉得自己无法赶上，要去追寻；对待不善，就好像见到一锅沸水，不能去碰触。

　　三国时，刘备在给后主刘禅的遗诏也说过这样的话："勿以恶小而为之，勿以善小而不为。惟贤惟德，能服于人。"

　　君子能坚守与善为伍，为善为乐。那么有了过失必改无疑。

25.人不知而不愠，不亦君子乎？

　　【出处】《论语》学而篇。子曰："人不知而不愠，不亦君子乎？"
　　【赏析】不知：不了解自己。愠（yùn）：怨恨。
　　别人不了解自己，不埋怨也不记恨，这样的人难道不是君子么？
　　陈立夫说：即使人家不知道我有学问，可是求学问原是为了自己，并不放在心里烦恼，这岂不是有道德的君子吗？
　　蔺相如在朝廷上躲避廉颇，路遇时也躲避廉颇，只要有廉颇在的地方都有意回避他。他的门客亲友就发难了：说堂堂蔺相如无骨气竟然还怕一个鲁夫。纷纷告辞要离开蔺相如。蔺相如深受委屈。当廉颇及门客知道原委后，才恍然大悟，蔺相如是为了和睦而保全国家利益。蔺相如可谓真君子。
　　当苏武背井离乡，寒月孤照，远在异族当人质而不被人了解的时候，仍是不愠不怒，几十年如一日为国忠贞不改，这便是君子的伟大胸怀和风范。

26.君子以俭德辟难，不可荣以禄。

　　【出处】《周易》否卦。《象》曰："天地不交，否；君子以俭德辟难，不可荣以禄。"
　　【赏析】否（pǐ）：卦名，由上乾下坤组成，具有闭塞不通的含义。

俭：节俭。辟：通"避"，避开。

君子应该用节俭的品德来避开危难，不可以贪求荣华富贵。

廉正不贪，这应该是每一个官员起码的道德底线。然而让我们遗憾的是，官场中"俭"少了，"荣"多了。

如果当了官就以权谋私，搞权钱交易。"荣以禄"——通过当官来发财：建别墅、包情妇、囤房源、藏现金……这种人早晚必然遭殃。

大凡要当平安官、好官，必须坚持节俭、廉政，只有这两者才能拯救他、成就他。

27.君子周而不比，小人比而不周。

【出处】《论语》为政篇。子曰："君子周而不比，小人比而不周。"

【赏析】周：周到、遍及、团结。比：勾结。

朱熹说：周，普遍也。比，偏党也。皆与人亲厚之意，但周公而比私耳。君子小人所为不同，如阴阳昼夜，每每相反。然究其所以分，则在公私之际，毫厘之差耳。

陈立夫说：君子对人有公的普遍之亲。小人对人则只是私的偏党之亲。

南怀瑾说：君子与小人的分别是什么呢？周是包罗万象，就是一个圆满的圆圈，各处都到的。一个君子的作人处世，对每一个人都是一样，不是说对张三好，对李四则不好，这就不对了，这就叫比而不周了。你拿张三跟自己比较，合适一点，就对他好，不大同意李四这个人，就对他不好，就是"比"。

君子友善众人而不相互勾结，小人相互勾结却不友善群体。

28.君子泰而不骄，小人骄而不泰。

【出处】《论语》子路篇。子曰："君子泰而不骄，小人骄而不泰。"
【赏析】泰：心胸安详舒坦。骄：骄傲、放纵。

朱熹说：君子循理，故安舒而不矜肆。小人逞欲，故反是。

陈立夫说：君子安详舒泰，却不骄傲凌人，小人骄傲凌人，却不安详舒泰。

南怀瑾说：这又是君子与小人的对比。君子之人很舒泰，这个泰字，包括了很多意义：度量宽宏，胸襟开阔，光明爽朗，这就是泰。君子虽然很舒泰，态度绝不骄傲。小人既骄傲，又自卑，心里像猫抓一样，到处都是毛病，心境就不泰然了。

君子心胸安详舒坦而不傲慢，小人骄傲放纵也不坦然。

29.君子和而不同，小人同而不和。

【出处】《论语》子路篇。子曰："君子和而不同，小人同而不和。"
【赏析】和：和谐，和衷共济。同：跟，盲从，无主见。

朱熹说：和者，无乖戾之心。同者，有阿比之意。尹氏曰："君子尚义，故有不同。小人尚利，安得而和？"

陈立夫说：君子和人相处，心地是和平的，而意见不一定相同。小人和人相处，常是随声赞同，可是利之所在，心地是不和的。

南怀瑾说：和而不同，就是自己要有中心的思想，能够调和左右矛盾的意见，而自己的中心思想还是独立而不移。小人就不一样了，容易受别人的影响，别人纵然影响了他，然而人各有志，到了利害关头，意见冲突，相处就不会融洽，自然而然变成同而不和了。

君子和衷共济、和谐相处而自有主见，各有特色。小人盲从而一团和气，却不能和谐共处。

30.君子不以言举人，不以人废言。

【出处】《论语》卫灵公篇。子曰："君子不以言举人，不以人废言。"

【赏析】言：好的言论。举：举荐。

陈立夫说：君子不因为这个人的话讲得对，就贸然举用他，也不因为这个人平日行为不正，就连他所讲的一句有道理的话也抹杀了。

君子不凭一两句话说得好就举荐这个人，也不因为一个人德行不好就连他说的话也不听，甚至连他的好的意见都不采纳。

君子对于人的观察是全面冷静的，不仅听其言也观其行，最终才做出对此人的评价。君子是公正的是实事求是的模范：对则对，错则错。无论他是谁，只要意见正确都要采纳。

君子不以言举人，不以人废言。

31.君子隐而显，微而明，辞让而胜。

【出处】《荀子》儒效篇。故曰："君子隐而显，微而明，辞让而胜。"

【赏析】隐：隐藏、归隐。显：显扬、显赫。微：微贱。明：显明、瞩目于世。辞让：谦让。君子即使隐居也显赫，即使地位低下也荣耀，即使谦让却能胜出。

诸葛亮，一介布衣，躬耕于南阳，既"隐"而"微"，被刘备三顾于草庐之中，后成为蜀国的丞相，万人敬仰，千古流芳，是因他的君子风范。

东晋李密，一个亡国官吏，解甲后在家侍奉祖母，既"隐"而"微"，为何晋武帝能多次邀他入宫任职？还派侍女到家替他奉养祖母？这是源于李密的孝敬之心、君子之心的感召。

孔子的弟子们互问，老师对于国家的政事是怎么了解和参与的呢？子贡答曰："夫子温、良、恭、俭、让以得之。"

温、良、恭、俭、让：温和、善良、恭敬、节俭、谦逊，是历代儒家待人接物的准则。让，又是其中最常见的行为。

孔子说了一件事：君子与人与事都无所争。除非射箭的时候。即便是这样，也是两者先相互拱手敬个礼再上场比赛。完后还一起喝酒。（《论语》："君子无所争，必也射乎。揖让而升，下而饮。"）

过去武林高手比武，赛前都要说一句："承让。"这叫先礼后兵。而今我们生活中让座、让行、女士优先、儿童优先等君子风范虽有体现，却有淡然之势。所以，我们盼望君子回归。

32.君子以成德为行,日可见之行也。

【出处】《周易》乾卦:"君子以成德为行,日可见之行也。潜之为言也,隐而未见,行而未成,是以君子弗用也。"

【赏析】成德:修养道德。行:行为。

君子将道德修养寓于自身的行为之中,并每天都用行动来体现。

王阳明主张"知行合一"。没有行为的颖悟和明德是无本之木。没有任何价值。这种人可以当"传教士",但绝不是君子。

陶行知说:"行是知之始,知是行之成。"后取名陶行知,意图表达:在实践行为中才能真正明白道理。那么,也才能真正通晓君子之道。

这种承载着理想道德的行为,不是一曝十寒,而是天天都得做,天天皆可观。

33.君子进德修业,欲及时也,故无咎。

【出处】《周易》乾卦。子曰:"上下无常,非为邪也。进退无恒,非离群也。君子进德修业,欲及时也,故无咎。"

【赏析】进德修业:进修道德和学业。欲:要。咎:灾祸,灾殃。

君子进修道德和学业,要及时去做,那就不会有什么灾祸了。

孟子说:人性本善。

荀子说:人性本恶。

无论性善性恶,都受环境的影响。即"染于苍则苍,染于黄则黄"。跟圣贤成好人,跟巫婆敬鬼神。那么作为人,怎么才能坚守着做好人的方向呢?只有一条道路:学习。

荀子在《劝学》中说："君子博学而日参省乎己，则知明而行无过矣。"只有好好学习并常常反省自己才能明智而无过失。如果"怠慢忘身，祸灾乃作"。

孔子《论语·宪问》中有这么一段话："原壤夷俟。子曰：'幼而不孙弟，长而无述焉，老而不死，是为贼。'以杖叩其胫。"说的是有一天，孔子的老朋友原壤叉开双腿，不拘礼节地坐着等孔子。孔子见后半开玩笑地批评他道："你啊，年幼的时候不讲孝悌，长大了又没做出什么成就，真是老而不死，苟且偷生。"说着，用手杖敲击他的小腿。本故事告诫我们：年轻时不进德修业，老来便是苟活了。

君子从小进德修业，所以能功成名就。

34.君子病无能焉，不病人之不己知也。

【出处】《论语》卫灵公篇。子曰："君子病无能焉，不病人之不己知也。"

【赏析】病：担忧。能：能力、才能。不己知：不知己，不了解自己。

陈立夫说：君子只恨自己没有能力，不憾恨别人不知道自己。

南怀瑾说：君子只怕自己无能，没有真才实学，不怕人家不了解自己。换句话说，只要要求自己，充实自己。

君子担心自己没有才能，不担心别人不了解自己。

35.君子不傲、不隐、不瞽，谨顺其身。

【出处】《荀子》劝学篇："故未可与言而言，谓之傲；可与言而不言，谓之隐；不观气色而言，谓之瞽。故君子不傲、不隐、不瞽，谨顺其身。"

【赏析】傲：急躁。隐：隐瞒、隐讳。瞽（gǔ）：盲目、没有识别力。谨：谨慎。

君子不该说话的时候不多言；该说话的时候不隐讳；善于察言观色不盲目，谨慎地顺着那说话的对象来发言。

这条经文可算是君子在为人处世、特别是在长者尊者面前说话的分寸、礼节和智慧。

特别强调了在交往时说话的四点要津：不抢言，不隐言，要巧言，要顺言。

正如《诗经》上说："匪交匪舒，天子所予。"意思是，只要不浮躁、不急慢，上天都会帮助你。

36.君子学道则爱人，小人学道则易使也。

【出处】《论语》阳货篇。子游对曰："昔者偃也闻诸夫子曰：'君子学道则爱人，小人学道则易使也。'"

【赏析】道：礼乐、君子之道。使：被使唤。

陈立夫说：在上的人学道就能够爱护人民；在下的学道就容易被任用。

南怀瑾说：有知识的上等人学道后，就能够扩充仁慈的胸襟，更能够爱人；低能的小人物更需要教育更需要学道，因为低等的人学了道就懂道理了，指挥起来就更方便、更顺畅。教育的目的在此，第一流头脑受了教育更好，下等人受了教育，自己好对人也好。

君子学了礼乐就仁慈而懂得爱人，小人学了礼乐则能做好部下。可见道是放之四海而皆准的真理。无论何人，学皆有益。

37.君子成人之美,不成人之恶。小人反是。

【出处】《论语》颜渊篇。子曰:"君子成人之美,不成人之恶。小人反是。"

【赏析】成:成全、助长。

君子成全别人的好事,而不助长别人的恶处。小人则与此相反。

朱熹说:成者,诱掖奖劝以成其事也。君子小人,所存既有厚薄之殊,而其所好又有善恶之异。故其用心不同如此。

陈立夫说:君子总是促成人家的好事,不愿促成人家的坏事;小人就和这相反。

南怀瑾说:一个君子人,看到朋友、同事以及任何人的好事,都愿意帮助他完成;坏事则要设法阻难使他无法完成。从政、做人都一样要做到这个程度。而小人却正好相反,就喜欢帮忙人家做坏事。

所以,当今世上那些"仇富"、"笑贫"、"乐人之有祸"的小人之心都是卑鄙的。

38.君子疑则不言，未问则不言，道远日益矣。

【出处】《荀子》大略篇："君子疑则不言，未问则不言，道远日益矣。"

【赏析】疑：疑问。问：询问。益：增加。

君子自己都不明白的就不说，还没有请教过的也不说。道路长远，知识便一天天增长。

君子是不轻易说话的——"讷于言而敏于行。"

君子要推崇善道，义以为上，须该说则说——"君子必辩。"

但君子要说话，它的内容得有两个基础：一是没有争议的、没有疑问的。二是必须了解真实情况、实事求是。

39.君子而不仁者有矣夫，未有小人而仁者也。

【出处】《论语》宪问篇。子曰："君子而不仁者有矣夫，未有小人而仁者也。"

【赏析】不仁：指偶然做了不如人意的事。夫（fú）：语气助词。

陈立夫说：作为一个君子，不仁，可能有过吧！但是，从来没有小人能仁的。

人非圣贤，谁能无过？即便有过，也如子贡所说："君子之过也，如日月之食焉：过也，人皆见之；更也，人皆仰之。"（《论语》子张篇）君子的过失就像日蚀天象：日蚀的时候，人们都能看见；日明的时候，人们都会景仰。君子错了，错在哪儿，百姓都知道——因为君子光明正大，毫不隐瞒自己的过失。君子改正了，也昭示百姓，民众无不钦佩。

君子偶尔做出不义之事是有的，但小人从不会做仁义之事。

40.君子引而不发，跃如也。中道而立，能者从之。

【出处】《孟子》尽心章句上："君子引而不发，跃如也。中道而立，能者从之。"

【赏析】引：拉、升。中道：中庸之道。立：站，处在。从：跟随。

君子拉满了弓而不射出去，做着跃跃欲试的姿态，让学者自己去体会。坚守中道之道，有能力的人就会追随他。

朱熹说：引，引弓。发，发矢。跃如，如踊跃而出的样子。君子教人，只是授以学习之法，而不告之获得之妙，如射者引弓而不发矢一样。中者，无过不及之谓。中道而立，言其非难非易。能者从之，言学者应当自勉。此章言道有定体，教有成法；卑不可抗，高不可贬；语不能显，默不能藏。

陈立夫说：君子教人学道，就同教人射箭一样，只拉满了弓，却不发箭，好像箭杆就要跳出来的样子。所以君子只要在中道而立，能学的人跟着他去做就是了。

这是一套很好的教人理念、教育理念。授人与"鱼"，不如授人以"渔"。授人一项技术，不如教他学会这项技术的方法——自我去体验，自我去悟出。

41.言有招祸也，行有招辱也，君子慎其所立乎!

【出处】《荀子》劝学篇："是故质的张，而弓矢至焉；林木茂，而斧斤至焉；树成荫，而众鸟息焉。醯酸，而蜹聚焉。故言有招祸也，行有招辱也，君子慎其所立乎!"

【赏析】祸：祸患、灾祸。辱：耻辱。慎：谨慎。立：建树、成就。

话语有可能招来祸患，行为可能招来耻辱，君子要谨慎对待自己的立身于世。

这是君子身处乱邦，面对昏君采取的明哲保身的处世法。而恭逢盛世，面对明君，君子直抒胸臆又何妨？

言有招祸，除非是专制时代。在"言者无罪，闻者足戒"的时代，敢于发表自己的正义主张和见地，这是一个公民的责任。

行有招辱，除非你有违道德法律。仁义之行，只会受人尊重。即便暂时不被人理解，终归是善终。

如果管理你言行的是小人，那么就要慎其所立，讷其所言。

42.君子怀德，小人怀土；君子怀刑，小人怀惠。

【出处】《论语》里仁篇。子曰："君子怀德，小人怀土；君子怀刑，小人怀惠。"

【赏析】怀：想着、关心。德：道德。土：乡土、家室。刑：法度。惠：恩惠、利益。

朱熹说：怀，思念。怀德，谓存其固有之善。怀土，谓溺其所处之安。怀刑，谓畏法。怀惠，谓贪利。君子小人趣向不同，公私之间而已。

陈立夫说：君子日常所念念不忘的是德，小人则沉溺于所处之安。君子日常所念的是法律制度，而小人则是恩惠。

南怀瑾说：君子的思想中心在道德，违反道德的事不干，小人则不管道德不道德，只要有土地就干了。古时候土地即是财富。有钱就是好的，小人想念的都是财富、利益。"君子怀刑"，君子最怕的事是自己违反德行，其次怕做犯法的事情。法律和门锁一样，防君子不防小人，小偷真正要偷，锁是没有办法的。所以要有道德作基础，才能补救法律之不足，因此君子是怀畏刑法，小人只是怀思福惠——处处讲利害，只要有好处就干了。

君子缅怀并关心的是道德，小人想着的是自己的身家财富。君子关心的是法度，小人关心的是利益。

43.君子可逝也，不可陷也；可欺也，不可罔也。

【出处】《论语》雍也篇。宰我问曰："仁者，虽告之曰：'井有仁焉。'其从之也？"子曰："何为其然也？君子可逝也，不可陷也；可欺也，不可罔也。"

【赏析】逝：离去、消逝。陷：陷阱、收买。欺：欺骗，这里指使人上当受骗。罔：愚弄。

君子可以消逝、可以杀身成仁，但不可收买陷害；可以被欺骗，但不可以被愚弄。

屈原、岳飞、文天祥、马寅初、张志新，他们可以被欺诈、被迫害甚至牺牲生命，但他们绝不会牺牲气节、牺牲理想而被小人收买。

齐宣王召见颜斶，傲慢地说："颜斶，上前来！"颜斶也说："大王，到我面前来！"宣王很不高兴。左右大臣责备颜斶说，大王是君，你是臣，你怎么可以说"大王过来"呢？颜斶回答说，我到大王跟前去是趋炎附势；大王到我跟前来是礼贤下士。与其让我做一个贪慕权势之小人，不如让大王做个爱贤敬士的明主。宣王听后愤怒地向他问道："是王尊贵还是士尊贵？"颜斶毅然说："士尊贵，王不尊贵！"宣王又问："有根据吗？"颜斶说："有。从前秦国攻打齐国，下命令说：'有人胆敢去柳下季墓地内砍伐柴木的，一律死罪。'又下一道命令说：'有人能斩获齐王的头颅封万户侯。'由此看来，君王的头还不如死去的贤士墓珍贵！"

宣王很受触动，于是希望做颜斶的弟子，并告诉他今后有车坐、有肉吃、有衣穿，享不完的福。颜斶却婉然拒绝说："玉生山中，一经打磨就破损了。并非玉不宝贵，是璞玉本色已不完整。一个乡野中士人，一经推荐就官俸一身。这并非不尊贵，是士人的身心将受功利侵蚀，不能再保持本色。我情愿回去，饥食素餐当肉，慢步缓行当车，一生无罪当贵，清净纯正自乐。"他向齐宣王拜了两拜，便昂首飘然而去。

君子不可愚弄，自有高风亮节。

44.君子之德风，小人之德草。草上之风，必偃。

【出处】《论语》颜渊篇。季康子问政于孔子曰："如杀无道，以就有道，何如？"孔子对曰："子为政，焉用杀？子欲善，而民善矣。君子之德风，小人之德草。草上之风，必偃。"

【赏析】偃（yǎn）：仆倒。

君子的道德像风，小人的道德像草。风吹草动随风倒。

陈立夫说：君子的行为好比风，小人的行为随着君子转移，好比草，风加在草上，草一定会随风倒。

南怀瑾说：中国文字中的"风气"二字，就是由这个观念而来的。这两句话中的"德"是一个总称，它包括行为、心理、思想等等。他说君子之德像风一样，普通人的德像草一样。如果有一阵风吹过，草一定跟着风的方向倒。风的力量越大，草倾向的力量也越大。

所谓"风尚",就是在一定时期中社会上流行的风气和习惯。而这个引领风尚的人就是君子——

《晏子春秋》外篇说:"越王好勇,其民轻死。"越王喜欢勇士,于是老百姓都习武弄剑,视死如归。

唐太宗是政治家也是诗人,喜欢写诗也善待诗人,于是家家户户都流行咏诗作诗。才有唐诗的流传后世。

范仲淹一句"先天下之忧而忧,后天下之乐而乐"的精神倡导了、感染了一代又一代的热血青年。"吃苦在别人前头,享乐在别人后头"已成了追随者的誓言。

45.君子敬以直内,义以方外,敬义立而德不孤。

【出处】《周易》坤卦:"直其正也,方其义也。君子敬以直内,义以方外,敬义立而德不孤。"

【赏析】敬:敬畏。直:矫正。义:社会认可的行为标准。方:规范。孤:孤立。

君子以敬畏的态度恪守道德信念来矫正思想,以仁义道德为原则来规范外在的行为。这种"敬"、"义"的处世行为,其品德一定会有良好人缘。

南怀瑾说:直就代表正,方代表义。中国人看相,以这个原则也蛮通理的,说人的脸形,长的主仁,方的主义。"君子敬以直内",内心修养绝对公正,自己内心得直,没有弯曲,不在肚子里耍鬼。"义以方外",对外面,对人对事,一言为定,到处合宜,言而有信,规规矩矩,就会受人拥戴,"德不孤"。

孔子说:"德不孤,必有邻。"大凡品德高尚的人永远不会孤独。必定有很多朋友与他为伍。这不仅仅是一种人生经验,更是一种社会生活规律。

46.君子有大道,必忠信以得之,骄泰以失之。

【出处】《大学》第十一章:"是故君子有大道,必忠信以得之,骄泰以失之。"

【赏析】 骄:骄纵。泰:傲慢。

君子做事有一条最重要的、也是最根本的原则,就是:凡事必须以忠实诚信才能成功,反之以骄傲跋扈就得失败。

南怀瑾说:一个仁人君子,必然会遵循一个千古不易的大道,那就是言行忠信,必然可以得到一切好的结果。如果是自满、自慢、自傲,而且自以为是,一点也不悔改,那就必定会失去一切。

子曰:"自古皆有死,民无信不立。"一个人如果没有诚信就不能立足于社会。更何言取得成功?

"满招损,谦受益。"骄泰之人必遭损失。

47.富润屋,德润身,心广体胖。故君子必诚其意。

【出处】《大学》第七章。曾子曰:"十目所视,十手所指,其严乎!"富润屋,德润身,心广体胖。故君子必诚其意。

【赏析】 富:财富。润:润泽、滋益。德:道德。广:宽广、坦率。胖:安泰舒适。

财富可以装饰房屋,使其华丽;道德可以润泽身心,使人高尚;心胸宽广开朗,身体自然安泰。所以君子一定要意念诚实。

"富润屋":譬如一个人富有了,便会先把自己的住所改造修葺一番,变得更华丽、更气派。

"德润身":当一个人诚正了,道德修炼好了,尊重的人多了,朋友多了，日积月累，心境宽广开朗，由心理影响生理，自己的身体也会跟着发生好转。常常因健康而发福。

这里牵涉到一个关键词："诚"。如果你开初不是一心一意，心无旁骛地致情于"德"，致情于君子之道，而是杂念丛生，就不会心广体胖。

所以，"君子必诚其意"。

48.君子之于天下也，无适也，无莫也，义之与比。

【出处】《论语》里仁篇。子曰："君子之于天下也，无适也，无莫也，义之与比。"

【赏析】天下：代指天下的事情。适：可。莫：不可。比（bì）：并列、紧靠。

君子对待天下的事情，没有非做不可的，也没有一定不要做的。仅仅是按照仁义的标准来衡量做否。

朱熹说：莫，不肯。比，从也。

谢氏说：适，可也。莫，不可也。

陈立夫说：君子对于天下一切的事，没有一定主张要做的，也没有绝对不要做的，只看这事应该做或是不应该做，完全从义。

子曰："义以为上。"义，是一切行为的出发点。按现实的语言就是："见义勇为。"

49.君子博学于文，约之以礼，亦可以弗畔矣夫！

【出处】《论语》雍也篇。子曰："君子博学于文，约之以礼，亦可以弗畔矣夫！"

【赏析】博学：广泛地学习。文：文献典籍。约：约束。弗：不。畔：通"叛"，背离。

君子广泛地学习文化典籍，用礼来约束自己、规范自己的行为，这样就不会离经叛道了。

朱熹说：约，要也。畔，背离。君子学欲其博，故于文无不考；守欲其要，故其动必以礼。如此，则可以不背于道矣。

苏轼《稼说送张琥》中说："博观而约取，厚积而薄发，吾告子止于此矣。"所谓博观，就是要博览群书，什么书都要看，文学的、哲学的、艺术的、科学的、历史的、军事的、生活的，甚至是魔幻的、占卜的、性爱的等等。核心是怎么吸收阅读的内容——在于"约取"。怎么"约取"？——约之以"礼"。就是用礼来约束它的内容。"非礼勿视"，"非礼无取"。凡是不符合礼义的东西都须远离。这就能使君子永步正道。

50.君子之道，辟如行远必自迩，辟如登高必自卑。

【出处】《中庸》第十五章："君子之道，辟如行远必自迩，辟如登高必自卑。"

【赏析】辟：譬如。迩：近处。卑：低处。

朱熹说：辟，同譬。

君子遵循和推崇的道义告诉我们，要鹏程万里走得远的人，一定要从近处出发；要成就事业的高峰，一定要从低处开始。

所谓："千里之行始于足下。"要从眼下一步步走，一步一个脚印才能成功远行。

要做大做强一项事业，必须从小事做起，底层做起，步步为营，才能日渐成功。

实践证明，那些插队的、抢道的、急功近利的、好高骛远的总会失败。

君子之道,辟如行远必自迩,辟如登高必自卑。

51.君子笃于亲,则民兴于仁;故旧不遗,则民不偷。

【出处】《论语》泰伯篇。子曰:"恭而无礼则劳,慎而无礼则葸,勇而无礼则乱,直而无礼则绞。君子笃于亲,则民兴于仁;故旧不遗,则民不偷。"

【赏析】笃(dǔ):深厚。兴:起。遗:遗弃、抛弃。偷:薄、淡薄。

朱熹说:兴,起也。偷,薄也。

君子怀有深厚的亲情,那么百姓就会崇尚仁爱;君子不抛弃故人旧友,那么百姓就不会淡薄人情。

南怀瑾说:中国人讲孝道,如果对于自己的父母、兄弟、姊妹、朋友都没有感情,亲情不笃,而要他爱天下、爱国家、爱社会,那是空洞的口号,是不可能的。私事不爱而爱公众,事实上没有这回事。爱天下国家,就是爱父母兄弟的发挥。所以说笃于亲者,是指一个人不应当害怕其自私到爱自己的父母兄弟。儒家讲爱是由近处逐渐向外扩充的,所以先笃于亲,然后民兴于仁。从亲亲之义出发,整个风气就是仁爱,人人都会相爱。故旧有两个意义。过去的解释是老朋友、老前辈。像古人说的"念旧"。另外一个意义就是传统，故旧不遗就是传统观念不要放弃。如果你要推翻传统，最好先推翻你自己，因为你是父母生的，祖宗传统而来的。没有父母这个传统，就传不下来你这个统，万事总有个来根。

53.君子无终食之间违仁，造次必于是，颠沛必于是。

【出处】《论语》里仁篇："君子去仁，恶乎成名？君子无终食之间违仁，造次必于是，颠沛必于是。"

【赏析】终食：吃完一顿饭，表示短时间。违：违背、违反。造次：仓促、匆忙。颠沛：动荡、流离。

朱熹说：终食者，一饭之顷。造次，急遽苟且之时。颠沛，倾覆流离之际。是说君子为仁，自富贵、贫贱、取舍之间，以至于终食、造次、颠沛的时候，无时无处不致力于仁。

君子即使在一顿饭的时间里也不违背仁义；无论是仓促匆忙，无论是颠沛流离必定与仁同在。

陈立夫说：君子是没有一顿饭的时间会离开仁的，在造次急遽的时候一定如此，在颠沛流离的时候也一定如此。

周公姬旦"一沐三握发，一饭三吐哺，犹恐失天下之士"。他为了招揽天下贤能之士，接见求见之人，一次沐浴都要多次握着头发，一餐饭都要多次吐出口中食物来迎客，可见思贤如渴，致力于仁的操心忙碌——真是"造次必于是"。

杜甫的茅屋为秋风所破，布衾多年冷似铁，床头屋漏无干处，已算是够"颠沛"了！还想着"安得广厦千万间，大庇天下寒士俱欢颜"。——致力于仁真是"颠沛必于是"。

54.质胜文则野,文胜质则史,文质彬彬,然后君子。

【出处】《论语》雍也篇。子曰:"质胜文则野,文胜质则史。文质彬彬,然后君子。"

【赏析】质:质朴。文:文饰、文雅。野:粗野鄙陋。史:虚浮不实。彬彬:文质兼备,相杂适中的样子。然后:这样以后。

质朴多于文雅就会粗野,文雅多于质朴就会虚浮,质朴和文雅兼备适当,才能称其为君子。

朱熹说:野,野人,鄙略。史,掌文书,多闻习事,而诚或不足。彬彬,犹班班,物相杂而适均之貌。是说学者当损有余,补不足,至于成德,则不期然而然。

陈立夫说:君子须配合人为及自然之美丽成为文质彬彬的有礼者。

南怀瑾说:"质"是指朴素的文质;"文"是人类自己加上去的许多经验、见解,累积起来的这些人文文化。但主要的还是人的本质。原始的人与文明的人,在本质上没有两样。饿了就要吃饭,冷了便要穿衣,不但人类本质如此,万物的本质也是一样。饮食男女,人兽并无不同。但本质必须加上文化的修养,才能离开野蛮的时代,走进文明社会的轨道。

55.君子义以为质,礼以行之,孙以出之,信以成之。

【出处】《论语》卫灵公篇。子曰:"君子义以为质,礼以行之,孙以出之,信以成之。君子哉!"

【赏析】质:本、基础。行:实行。孙(xùn):通"逊",谦逊。信:诚信。

君子把仁义作为做人做事的基础，用礼来实施它，用谦让来体现它，用诚信来成就它。

朱熹说：义者制事之本，故以为质干。而行之必有节文，出之必以退逊，成之必在诚实，这就是君子之道。

陈立夫说：君子以义为本质，照礼去实行，用谦虚的言语来表现，用诚实的态度来完成。

55.君子有三变：望之俨然，即之也温，听其言也厉。

【出处】《论语》子张篇。子夏曰："君子有三变：望之俨然，即之也温，听其言也厉。"

【赏析】俨然：严肃的样子。即：接近。温：温和。厉：严厉。

朱熹说：俨然者，貌之庄。温者，色之和。厉者，辞之确。

君子在人们的眼里有三种不同印象：远看他觉得庄严，接近他感觉温和，听他说话又觉得严厉。

陈立夫说：君子的容态有三种变化：远望很庄重的样子；到了他面前却很温和；然而听了他的说话，却又很严正。

君子庄严正派，气质可敬；君子温馨和蔼，态度可爱；君子严格规范，作风可畏。

56.君子之学也，以美其身；小人之学也，以为禽犊。

【出处】《荀子》劝学篇："君子之学也，以美其身；小人之学也，以为禽犊。故不问而告谓之傲，问一而告二谓之囋。傲、非也，囋、非也；君子如向矣。"

【赏析】美：使……美，完善。禽犊：禽和犊，古代常用作馈赠礼物。

君子与小人学习的目的截然不同。

君子学习的目的是完善自我，完美自己；小人学习的目的则把它作为一种装饰，一种讨好别人的馈赠。

在"仕而优则学"风气的感染下，不少官员开始了大学进修。其中不乏是为了高学历文凭而学的。他们把学历证书当作晋升的本钱和阶梯。更有甚者，找人替学、替考，就太出格了！这是小人之学，早晚会自食其果。

57.君子语大，天下莫能载焉；语小，天下莫能破焉。

【出处】《中庸》第十二章："夫妇之愚，可以与知焉，及其至也，虽圣人亦有所不知焉；夫妇之不肖，可以能行焉，及其至也，虽圣人亦有所不能焉。天地之大也，人犹有所憾。故君子语大，天下莫能载焉；语小，天下莫能破焉。"

【赏析】载：盛载、承受。破：破译、分析得明白。

全段的意思是：普通男女虽然愚昧，也可以知道君子的道，但它的最高深境界，即便是圣人也有弄不清楚的地方；普通男女虽然不贤明，也可以实行君子的道，但它的最高深境界，即便是圣人也有做不到的地方。大地如此之大，但人们仍有不满足的地方。所以，君子说到"大"，就大得连整个天下都载不下；君子说到"小"，就细微得你无法破译出来。

朱熹说：君子之道，近自夫妇居室之间，远而至于圣人天地之所不能尽，其大无外，其小无内，可谓费矣。

陈立夫说：君子讲到大的地方，像天下这样的广大也没有能够载得住的。讲到小的地方，那天下这样多的东西也没有能够打得破它的。

君子的伟大理念涵盖了宏观与微观。伟大思想充盈于天地之间。

58.君子务本，本立而道生。孝弟也者，其为仁之本与！

【出处】《论语》学而篇："君子务本，本立而道生。孝弟也者，其为仁之本与！"

【赏析】务：致力于。本：根本。立：建立、树立。道：仁义之道。生：生成、形成。

朱熹说：务，专力。本，即根。是说君子凡事专用力于根本，根本既立，则其道自生。

陈立夫说：君子谨言而慎行，以孝弟忠信为立身之基本。

君子致力于做人的根本、基础，基础建立了仁义之道就自然形成了。对父母的孝敬和对长者的尊重，是儒家"仁"的最基本最看重的情感。

中国封建社会几千年，施行的是"以孝治天下"。中国教育的"教"字，是由"孝"字加"文"组成。即孝道弄懂了，教育就成功了——可见孝道在中国儒家学说中的分量。

近些年月，我们的孝道遭到来自多方面的冲击。"啃老族"普及了，当今青年不依赖父母的少之又少——不是"啃"父母的钱，就是"啃"父母的力。很多父母是又出钱又出力。而那些钱被"啃"完了，力被"啃"尽了的老人，一般又"空巢"居多。所以才有有心人写了"常回家看看"的歌，在春晚唱给全国听。让大家为良心所动，回归孝道之路。

59.君子居必择乡，游必就士，所以防邪辟而近中正也。

【出处】《荀子》劝学篇："其质非不美也，所渐者然也。故君子居必择乡，游必就士，所以防邪辟而近中正也。"

【赏析】居：住。乡：处所、地方。游：交游，来往。士：古代男子之美称。邪：不正当。辟：通"僻"，不诚实，邪僻。中正：不偏不倚，正道，正直、公正。

君子居所要选择良好环境，交友要结识有品味的人，这是防止自己误入邪途而接近正道的方法。

环境及其人对个人的影响很大。所谓："近朱者赤，近墨者黑。"

正如孔子所说："危邦不入，乱邦不居。天下有道则见，无道则隐。邦有道，贫且贱焉，耻也；邦无道，富且贵焉，耻也。"危难的国家你别去，乱世的环境你别居。社会正义你就出来做事，社会腐败你就隐居。国家正义你却贫贱那是耻辱；国家腐朽你富贵也是可耻。

君子应当交什么样的朋友？孔子说："益者三友，损者三友。友直，友谅，友多闻，益矣。友便辟，友善柔，友便佞，损矣。"意思是说："有益的朋友有三种，有害的朋友有三种。结交正直的朋友、诚信的朋友、知识广博的朋友，是有益的。结交谄媚逢迎的人，结交表面奉承而背后诽谤人的人，结交善于花言巧语的人，是有害的。"

君子之道

60.君子敬而无失，与人恭而有礼。四海之内，皆兄弟也。

【出处】《论语》颜渊篇。子曰："君子敬而无失，与人恭而有礼。四海之内，皆兄弟也。君子何患乎无兄弟也？"

【赏析】敬：端肃、谨慎。失：过错。恭：恭敬。

君子端肃谨慎而没有过失，待人恭敬有礼貌，那么普天之下都是他的兄弟。

南怀瑾说：君子要放开胸怀，冥冥中自有命运的安排。即使没有兄弟，朋友就是兄弟，朋友同学们相处融洽，无异亲兄弟。但交朋友要敬而无失；孔子说的"久而敬之"这句话，就是交朋友的大原则。朋友交得越久，越亲近了，就要越诚敬。相互间要保持一段恰当的距离，同时相处时要尽量避免过失，这样一来，到处都是好朋友、亲兄弟，哪怕没有兄弟？不但个人关系如此，领导部下同事，也是同样的道理。

本条经文是君子交朋友的经验。四点：要正派、无过失（起码要少过失）、尊重人、懂礼节。缺一不可。你正派也尊重人，但是吝啬，不懂得"来而不往非礼也"，也不会有朋友。你正派也尊重人也慷慨，但是做事丢三落四或虎头蛇尾的也很难交友多。

61.君子道者三，我无能焉：仁者不忧，知者不惑，勇者不惧。

【出处】《论语》宪问篇。子曰："君子道者三，我无能焉：仁者不忧，知者不惑，勇者不惧。"

【赏析】无能：没有能（做到）。知：通"智"，知者即智者，聪明的人。

君子的道理包括三个方面，我都没能做到：仁德的人不忧愁，聪明的人不迷惑，勇敢的人不畏惧。

陈立夫说：有仁的人不忧虑，有智的人不迷惑，有勇的人不惧怯。

南怀瑾说：有一天，孔子感叹说，学问修养合于君子的标准，有三个必要条件：

第一是有仁德的人没有忧烦，只有快乐。大而言之。国家天下事，都做到无忧，都有办法解决，纵然没有办法解决，也能坦然处之。个人的事更多了，人生都在忧患中，人每天都在忧愁当中。而仁者的修养可以超越物质环境的拘绊，而达于"乐天知命"的不忧境界。

第二是"智者不惑"。真正有高度智慧，没有什么难题不得开解，没有迷惑怀疑之处，上至宇宙问题，下至个人问题，都了然于心。

最后是"勇者不惧"。只要公义之所在，心胸昭然坦荡，人生没有什么恐惧。孔子在这里说的词句，字里行间，写出他的谦虚，表示自己的学问修养没有做到君子的境界。

62.君子隘穷而不失，劳倦而不苟，临患难而不忘细席之言。

【出处】《荀子》大略篇："君子隘穷而不失，劳倦而不苟，临患难而不忘细席之言。岁不寒，无以知松柏；事不难，无以知君子。无日不在是。"

【赏析】隘：固守。失：丧失（名节）。苟：马虎。临：面临。细：细小、细微、寻常。席：量词，次，一次。细席之言：普通的一次交谈（承诺）。

君子固守穷困而不失掉名节，即使疲劳困倦也一丝不苟，面临患难也不忘曾经对人许下的诺言。

苏格拉底在临刑前，狱警问他还有什么话要交代的。苏格拉底想了想，说："我还欠邻居家一只鸡，请叫我家人代我归还。"

9·11事件发生后,世界贸易中心的两栋大楼即将坠毁。高层上,身陷绝境的一位年轻人在烟火吞噬中对着手机说了最后一句话:"妈妈,我爱您!"

在和平时期能保持名节,已经不错了,若能在非常时期也能保持名节,特别是遭遇绝境的时候,也能不忘对他人的承诺,这才是君子风范。

63.君子不可小知,而可大受也。小人不可大受,而可小知也。

【出处】《论语》卫灵公篇。子曰:"君子不可小知,而可大受也;小人不可大受,而可小知也。"

【赏析】知:智也;智慧、聪明。小知:小聪明。受:通"授"。大受:授以大任。

君子往往没有小聪明,但可以承担重大使命。小人不能承担重大使命,但往往有小聪明。

朱熹说:知,我知之也。受,彼所受也。盖君子于细事未必可观,而材德足以任重;小人虽器量浅狭,而未必无一长可取。

陈立夫说:君子不可以从小处赏识,但是可以担当大事。小人不可以担当大事,但是可以从小处赏识。

南怀瑾说:"君子不可小知"的"小知",以客观而言,我们对伟大成功的人物,不能以小处来看他,等他有成就才可以看出他的伟大;相反的,就是小人看不到大的成就,小地方就可以看出他的长处。以主观而言:君子之大,有伟大的学问、深厚的修养、崇高的道德,看事情不看小处而注意大处。小人则不可太得志,如果给他大受,他受不了,小地方他就满足了。

64.不知命，无以为君子也；不知礼，无以立也；不知言，无以知人也。

【出处】《论语》尧曰篇。孔子曰："不知命，无以为君子也；不知礼，无以立也；不知言，无以知人也。"

【赏析】命：天命，自然法则。

不懂得自然法则的人，就不能成为君子；不知道礼仪，就不能立身处世；不善于分辨他人语言的真伪，就不能真正了解人。

陈立夫说：不知天命不知利害的人是不可能成为君子的。不知礼法的人，是无法立身处世的。不知辨别人家的话，就不可能知道人家是邪或是正了。

中国有"天命之谓性"的说法。这命，解释作宇宙生命之命，如果我们把《论语》中这一句解释作生命之命，又牵涉到哲学，而命运之命包括了哲学与科学问题。

"不知命，无以为君子也。"就是说一个人不知道时代的趋势，对于环境没有了解，就不能有前知之明，无法为君子。

"不知礼，无以立也。"礼包括了文化、一切礼义，中国传统哲学道理、人生道理等等都要懂得。如果不懂，就无法站立在这人世间特立独行。

"不知言，无以知人也。"人的社会属性决定了他必须善于与人相处。而与人相处的法则首先必须知人，了解人。怎么去了解人呢？所谓"言为心声"，要通过别人的语言去了解对方。能通过听言听声，去识别人，这就是君子的智慧。

65.君子之于子,爱之而勿面,使之而勿貌,导之以道而勿强。

【出处】《荀子》大略篇:"君子之于子,爱之而勿面,使之而勿貌,导之以道而勿强。"

【赏析】爱:疼爱。面:脸面。使:派遣、命令。貌:容貌、情态。强:使用强力,强迫。

君子对于子女,疼爱他们而不表现在脸上,使唤他们而不美以辞色,用正确的道理引导他们而不强迫他们。

这是儒家学说中难得的有关教育子女的经文,非常经典。

"爱之而勿面":爱子女是人之常情。但不要老是停留在脸上——一副慈祥和善的样子。这样,孩子就容易自满任性、随心所欲而不听你的招呼。勿面,就是要将这个爱,怀揣在心里,并非一定要表现出来。当孩子见到你严肃的面孔时,行为也就会收敛些。

"使之而勿貌":不要一概用好言好语好脸色去糊弄、忽悠孩子做事。这样的结果不仅收效小代价高,即使孩子去做也是勉强的并非出于自愿。勿貌,严格要求孩子,不哄不诓。

君子之于子,爱之而勿面,使之而勿貌,导之以道而勿强。

76

"导之以道而勿强"：对孩子晓之以理，动之以情，让孩子明白道理，心甘情愿去做。勿强，就是绝不勉强。这一点我们的家长经常越轨。情绪来了，孩子不听不动，就大发雷霆，再不然就体罚暴力，强迫孩子去做——这是最糟糕的做法。暴力相加的结果，一是孩子将疏远你，叛逆你，心里有话不给你说，这就危险了。二是暴力将在孩子心里打上烙印，他会记住这个印象，长大了也成为暴力的仿效者。

66.君子位尊而志恭，心小而道大；所听视者近，而所闻见者远。

【出处】《荀子》不苟篇："君子位尊而志恭，心小而道大；所听视者近，而所闻见者远。是何邪？则操术然也。故千人万人之情，一人之情是也。"

【赏析】位：地位。志：情态。恭：恭谦。

君子地位尊贵，而情态却很恭谦；方寸之心却抱负远大；能听到看到的或许很近，而知道了解的东西却很广很远。

"位尊而志恭"：位置尊贵的人一般都专横跋扈，目中无人。唯有君子能位尊而保持恭谦对人。

"心小而道大"：君子心不大。不是玩政治的野心家，也不是雄心勃勃的大商家。他只是"忧道不忧贫"。期望道大，所以心小。小心则能静。宁静方能致远。

67.君子行不贵苟难，说不贵苟察，名不贵苟传，唯其当之为贵。

【出处】《荀子》不苟篇："君子行不贵苟难，说不贵苟察，名不贵苟传，唯其当之为贵。故怀负石而投河，是行之难为者也，而申徒狄能之；然而君子不贵者，非礼义之中也。"

【赏析】贵：可贵（形容词动词化），不以……为可贵。苟：苟且、草率、一般。

君子在行为上，不把一般的难事当成可贵；在学说上，不把一般的认识当作可贵；在名声上不把一般的流传当成可贵。只有他推崇的礼义才视为可贵。

《大学》说："大学之道，在明明德，在亲民，在止于至善。"古时候15岁入大学，大学之道，即是中学生乃至成人学习的宗旨，也是君子学习的宗旨。是什么呢？在于推行好的道德，在于让人思想长进，它的最终目的是大爱。那么当然，他就不会看重个人行为、学说或名声上的美誉。

孔子说："人能弘道，非道弘人。"能，应该之意。人应该弘扬仁义之道，而并非用仁义之道来弘扬人。所以君子就"行不贵苟难，说不贵苟察，名不贵苟传"了。

68.君子之求利也略，其远害也早，其避辱也惧，其行道理也勇。

【出处】《荀子》修身篇："君子之求利也略，其远害也早，其避辱也惧，其行道理也勇。君子贫穷而志广，富贵而体恭，安燕而血气不惰，劳倦而容貌不枯，怒不过夺，喜不过予。"

【赏析】略：简省、忽略。惧：害怕，恐惧。

君子对于求取利益往往不在意，对于避开祸害是早有准备，对于避免耻辱心存惶恐，对于奉行道义却勇往直前。

春秋战国时代，宋国的贤臣子罕有一个流传至今远离财宝的故事：

宋国有人得了块玉，拿去献给当权的大官子罕。子罕没有接受。献玉的人说："给做玉器的师傅看过，说是件宝物，才敢贡献的。"子罕说："我把不贪心作为宝，你把宝玉作为宝；我若是收下你这块玉（如果你把玉给了我），我们都失去了自己的宝，还不如各人留着各自的宝物好啊！"那人听后跪下磕头，说："我是个小小老百姓，藏着这么贵重的宝物，实在不安全，献给您也是为了自家的平安啊！"

子罕把献玉的人安置在自己居住的乡里，派玉人替他雕琢、加工，使献玉者富裕后，才让其人回到他的居所。

子罕是君子，其求利也略，所以远害也早，人生平安。

69.君子惠而不费，劳而不怨，欲而不贪，泰而不骄，威而不猛。

【出处】《论语》尧曰篇。子曰："君子惠而不费，劳而不怨，欲而不贪，泰而不骄，威而不猛。"

【赏析】惠：恩惠。费：消费。劳：劳民，让百姓服劳役。怨：怨恨。欲：欲望、追求。泰：安泰。骄：骄恣放纵。威：威严。猛：暴厉。

君子恩惠他人而自奉很薄；勤劳敬业而从无怨言；追求仁德而不贪图财利；庄重而不傲慢；威严而不凶猛。

南怀瑾说："惠而不费"在从政的时候很容易做到。最高明的从政者，经常有这种机会，给别人很好的利益，大家获得福利，而对自己没有什么牺牲损害。交朋友也一样，我们常常发现帮朋友一件事，是"惠而不费"。最难的是"劳而不怨"。大家常说，做事要任怨，经验告诉我们任劳易，任怨难，多做点事累一点没有关系，做了事还挨骂，这就吃不消了。但做一件事，一做上就要准备挨骂，"劳而不怨"，我觉得难在任怨。"欲而不贪"这句话很有道理，人要做到绝对清廉，可以要求自己，不必苛求任何一个人。人生有本能的欲望，欲则可以，不可过分地贪求。中国文化，儒家也好，道家也好，都主张大公，但也都容许部分私心的存在。"泰而不骄"是指在态度方面、心境方面，胸襟要宽大，不骄傲。"威而不猛"，对人要有威，威并不是凶狠，一个人的修养，真有威德，人家看见自然会害怕，这是威，而别人的害怕，并不是恐惧，是一种敬畏、敬重之意。如果"威"得使人真的恐惧，就是猛了。我们看历史上许多人，一犯猛的毛病，没有不失败的。

70.君子义以为上，君子有勇而无义为乱，小人有勇而无义为盗。

【出处】《论语》阳货篇。子路曰："君子尚勇乎？"子曰："君子义以为上，君子有勇而无义为乱，小人有勇而无义为盗。"

【赏析】义以为上：以义为上，把义看得很高尚。为：做、干。乱：祸乱。盗：偷盗、抢劫。

朱熹说：尚，上之也。君子为乱，小人为盗。

君子以义作为最高的品德标准，君子有勇无义就会作乱，小人有勇无义就会偷盗。

陈立夫说：君子以义为上。在上位的人只知道勇而没有义，那就要出乱子。小人有勇而没有义，便不免要为盗的。

义，几千年来，在中国民族的精神世界中占据了重要的位置。至今流传在我们口中最常见的有关"义"的成语开列于后：大义凛然、舍生取义、义无反顾、义薄云天、义正词严、见义勇为、仗义执言、义不容辞、深明大义、天经地义。

71.君子之过也，如日月之食焉：过也，人皆见之；更也，人皆仰之。

【出处】《论语》子张篇。子贡曰："君子之过也，如日月之食焉：过也，人皆见之；更也，人皆仰之。"

【赏析】过：过错。食：通"蚀"，亏损。更（gēng）：改正。

君子的过错好比日月蚀。他犯过错，人们都看得见；他改正过错，人们都仰望着他。

陈立夫说：君子的过失，有如日食月食一样。他那过失，大家都看得见，等到过失改了，大家又都崇敬他了。

南怀瑾说：君子就是代表在上面的人，领导人。在过去的社会，小人有过错没有关系，他本来就是一片无明，黑洞洞的，再也找不出一点亮光，大家看惯了。但对太阳，大家都看惯了它是亮的，假如它有一点黑，就要被人指摘，所以在客观上看，君子之过，有这样的可怕，如果错了，要马上改，一纠正大家都会原谅他，因为人们始终是仰望他的。

改过，这是君子自身完善的常规方式。

孔子在《论语》的其他几处也有类似教导：

子曰："三人行，必有我师焉；择其善者而从之，其不善者而改之。"孔子说，三个人在一起走，其中必定有我的老师。要选择好的去跟从，而将其不好的给予改正。

子曰："君子不重则不威，学则不固。主忠信，无友不如己者，过则勿惮改。"君子不庄重就没有威信，学业也就不稳固。要以忠信为道德标准，交友要交好朋友，有了过失就不要怕改正。

72.故君子内省不疚，无恶于志。君子之所不可及者，其唯人之所不见乎！

【出处】《中庸》第三十三章。《诗》云："潜虽伏矣，亦孔之昭！"故君子内省不疚，无恶于志。君子之所不可及者，其唯人之所不见乎！

【赏析】内省：自我反思。不疚：不惭愧。志：心志。

朱熹说：疚，病。无恶于志，就是无愧于心，此君子谨独之事。

君子自我反省没有愧疚，没有恶念头存于心中。君子的品行之所以高于一般人，就是在这些不被人看见的地方。

君子的品德为何能够高于一般人？他有两个东西是很多人无法企及的：一是他的自我反省无过无愧；二是他的思维中无不良念头。这就是前面谈到的"君子慎独"——这些是旁人无法了解到的。也是无法做到的。

正因为无法知晓无法做到，才使他（君子）能超越他人。正如《诗经》所言："潜虽伏矣，亦孔之昭！"暗潜的东西也是最光明的东西！

73.故君子名之必可言也，言之必可行也。君子于其言，无所苟而已矣。

【出处】《论语》子路篇。子曰："故君子名之必可言也，言之必可行也。君子于其言，无所苟而已矣。"

【赏析】名：命名、主张。可言：有道理可说。苟：苟且，马马虎虎。

君子要推崇一种主张就一定要使其有理可说，而说出来又一定能够行得通。君子对于自己的言行，从来都不敷衍了事。

南怀瑾说：这个"名"字，包括了思想文化的内涵。同时由此可见，思想文化在政治哲学中的重要。我们真正的传统文化在理论上、逻辑上是绝对站得住的，不是空洞理论。当今的思想风气，都是讲"实用"的思想，不是基本的哲学思想，因此人心愈乱，民风日下。

我们传统文化中对于思想文化和言语行为的原则，就是讲究实践，说得到一定做得到，而且很容易做到。这就是中国政治哲学最高的原则；不谈虚无高深的理论，要切实可行。

君子做事，一定坚持要"名正言顺"。因为名不正则言不顺。说话符合道义了，那么就畅行无阻。

君子对自己的言语十分谨慎。子曰："君子食无求饱，居无求安，敏于事而慎于言，就有道而正焉，可谓好学也已。"意思是说：君子饮食不求饱足，居住不要求舒适，对工作勤劳敏捷，说话却小心谨慎，到有道的人那里去匡正自己，这样就是好学了。

74.君子不重则不威，学则不固。主忠信，无友不如己者，过则勿惮改。

【出处】《论语》学而篇。子曰："君子不重则不威，学则不固。主忠信，无友不如己者，过则勿惮改。"

【赏析】重：庄重、谨慎。固：坚固。主：本。信：诚实守信用。无：通"毋"，不要。如：像，似。过：过错、过失。惮：(dàn)：害怕、畏惧。

朱熹说：重，厚重。威，威严。固，稳固也。轻乎外者，必不能坚乎内，故不厚重则无威严，而所学亦不坚固。人不忠信，则事皆无实，为恶则易，为善则难，故学者必以是为主。

君子不庄重谨慎就没有威严，学习也就不稳固；要以忠信为主，不与不同道的人交朋友；有了过错，就不要害怕改正。

陈立夫说：君子如果不庄重，便没有威仪，所学的也不会坚固。要忠心要信实，不要结交不如自己的人，有过过失，不要怕难不肯改。

南怀瑾说："重"是自重，现在来讲是自尊心，也就是说每个人要自重。"君子不重则不威"，拿现代话来讲，也可以说是自己没有信心。人都天生有傲慢，但有时候，对事情的处理，一点自信都没有，这是心理的问题。所以一个人没有自信也不自己重视自己，不自尊，"学则不固"，这个学问是不稳固的，这个知识对你没有用，因此我们必须建立起自己的人格，自己的信心来。"无友不如己者"是说不要看不起任何一个人，不要认为任何一个人都不如自己。上一句是自重，下一句是尊重人家。我们既要自尊，同时也要尊重每一个人的自尊心。

75.故小人可以为君子，而不肯为君子；君子可以为小人，而不肯为小人。

【出处】《荀子》性恶篇。曰："可以而不可使也。故小人可以为君子，而不肯为君子；君子可以为小人，而不肯为小人。小人君子者，未尝不可以相为也，然而不相为者，可以而不可使也。"

【赏析】可以为：可以成为。不肯为：不愿成为。

小人可以成为君子，但他不愿意这么做；君子可以成为小人，但他不愿意这么做。

其实，无论君子或小人，人性是一致的，食、色、趋利避害。由于道德修养不同行为观念就大相径庭。公路上，有暴徒在侵害孩童，小人看见了，心里也同情小孩，但心想暴徒手中有凶器，遭了伤害怎么办？于是悄然躲避。君子看见了，一闪念：这可能有危险。但"义以为上"在驱使着他，心想，我不入地狱谁入地狱？于是壮胆而上。

当君子难，要勤学苦读、要义以为上、要淡泊名利，甚至于在危难时刻要舍身成仁。小人不肯为。作为君子要当小人也难，难在他要"内省"、"内疚"、"自责"。

76.君子耻不修，不耻见污；耻不信，不耻不见信；耻不能，不耻不见用。

【出处】《荀子》非十二子篇："故君子耻不修，不耻见污；耻不信，不耻不见信；耻不能，不耻不见用。是以不诱于誉，不恐于诽，率道而行，端然正己，不为物倾侧：夫是之谓诚君子。"

【赏析】耻：把……看作耻辱。修：修养。污：污蔑。信：诚信。

能：才能。

君子以不修炼品德为耻辱，而不把被人污蔑看作耻辱；以自己不诚实为耻辱，而不把不被信任看作耻辱；以自己无能为耻辱，而不把不被任用看作耻辱。君子看重的是自身品德的修炼、为人的诚实和能力。

君子在乎的是自己品德的修炼、自身的诚信和自己能力的差劣；不在乎别人的污蔑、不被人信任或不被人任用。

77. 君子之道四焉：其行己也恭，其事上也敬，其养民也惠，其使民也义。

【出处】《论语》公冶长篇。子谓子产："有君子之道四焉：其行己也恭，其事上也敬，其养民也惠，其使民也义。"

【赏析】君子之道：君子的品德。行己：自己的行为。恭：谦恭。事上：侍奉君主。惠：恩惠。

朱熹说：恭，谦逊。敬，谨恪。惠，爱利。

君子的道德有四个方面：他自己的行为庄重，他侍奉君主恭敬，他养护百姓有恩惠，他役使百姓有法度。

南怀瑾说：子产是历史上有名的好宰相，好政治家，孔子非常佩服他，说他特别有四点君子之道，不是普通的常情、德业、修养等等可比。因此孔子对他四个长处，在历史价值上加以评论。他说子产自己严肃得很，管理自己非常恭谨，不马虎，这是很难得的。同时"事上也敬"，子产做首相，对于主上非常恭敬。恭是自己内心的肃诚，敬是对人对事态度上的严谨。换言之：对上接受命令时，不只是服从，有好的意见时要提出力争。执行命令，要尽心，不只是敷衍了事。"其养民也惠"，他能促使经济繁荣，对于社会百姓，大家能得其所养，安定生活，对于社会有贡献，有恩惠给人民。"其使民也义"，他又非常合理、合时、合法，人家乐意听他用，的确是大政治家的风范。

78.君子无爵而贵，无禄而富，不言而信，不怒而威，穷处而荣，独居而乐。

【出处】《荀子》儒效篇："故君子无爵而贵，无禄而富，不言而信，不怒而威，穷处而荣，独居而乐。岂不至尊、至富、至重、至严之情举积此哉！"

【赏析】爵：爵位。而：也。贵：尊贵。禄：俸禄。富：富裕。言：辩说。信：信任。

君子没有爵位也尊贵，没有俸禄也富裕，不辩说也被信任，不发怒也威严，处境穷困也荣耀，孤独居住也快乐！

君子无爵而贵，是因为信仰高贵；
君子无禄而富，是因为精神富有；
君子不言而信，是因为他的人格；
君子不怒而威，是因为他的正义；
君子穷处而荣，是因为他的境界；
君子独居而乐，是因为他的胸怀。

79.君子之于物也，爱之而弗仁；于民也，仁之而弗亲。亲亲而仁民，仁民而爱物。

【出处】《孟子》尽心章句上。孟子曰："君子之于物也，爱之而弗仁；于民也，仁之而弗亲。亲亲而仁民，仁民而爱物。"

【赏析】物：禽兽草木万物。爱：爱惜。弗：不。仁：仁德。亲：爱、亲近。

君子之于物也，爱之而弗仁；于民也，
仁之而弗亲。亲亲而仁民，仁民而爱物。

朱熹说：物，谓禽兽草木。爱，谓取之有时，用之有节。程子说，仁，推己及人，如老吾老以及人之老，于民则可，于物则不可。统而言之则皆仁，分而言之则有序。

君子对于世间万物，爱惜它但谈不上仁爱；对于百姓，仁爱他（她）但谈不上亲爱。亲爱亲人而仁爱百姓，仁爱百姓而爱惜万物。

陈立夫说：君子对于禽兽草木等物类，只是爱，而不是仁爱。对于一般的人，只是仁爱而不是亲爱。由亲爱亲人推而仁爱一般的人，由仁爱一般的人推而爱物，这是有次序的。

80. 是故君子先慎乎德。有德此有人，有人此有土，有土此有财，有财此有用。

【出处】《大学》第十一章。释治国平天下："是故君子先慎乎德。有德此有人，有人此有土，有土此有财，有财此有用。"

【赏析】慎：谨慎。此：这样。有人：得众。有土：有土地。

朱熹说：先慎乎德，承上文不可不慎而言。德，即所谓明德。有人，谓得众。有土，谓得国。有国则不患无财用矣。德者本也，财者末也，本上文而言。

所以君子应该先谨慎好自己的道德，有了道德就能得到民众的拥护，有了民众的拥护就能得到土地，有了土地就会产生财富，有了财富就会有各得其用。

陈立夫说：做国君的人，总要小心修德；有了德才有人民拥护；有了人民拥护，才能保有土地；有了土地，才有财货；有了财货，才有用度。

在中外现代成功企业中，比尔·盖茨、李嘉诚、张瑞敏、马云是深谙此道的有识之士，如果他们不懂得先慎乎德，以德聚人，就没有今天的微软、长江实业、海尔、阿里巴巴。

81.故君子可以有势辱，而不可以有义辱；小人可以有势荣，而不可以有义荣。

【出处】《荀子》正论篇："故君子可以有势辱，而不可以有义辱；小人可以有势荣，而不可以有义荣。有势辱无害为尧，有势荣无害为桀。"

【赏析】势：势位。义：正义、道义。辱：耻辱。荣：光荣、荣耀。

所以君子可能有势位方面的耻辱，但是不可能有道义方面的耻辱；小人可能有势位方面的光荣，却不可能有道义方面的光荣。

君子可能有势辱，是因为高于他权位的人或许是小人，小人在上君子难免不遭辱。

君子不可以有义辱，是因为他自身"义以为上"，甚至可舍生取义，难道能有辱乎？

君子之道

89

82.君子贤而能容罢，知而能容愚，博而能容浅，粹而能容杂，夫是之谓兼术。

【出处】《荀子》非相篇："故君子贤而能容罢，知而能容愚，博而能容浅，粹而能容杂，夫是之谓兼术。《诗》曰：'徐方既同，天子之功。'此之谓也。"

【赏析】罢：通"疲"，疲弱无能。博：广博。浅：肤浅。粹：纯粹。兼：兼容。

君子贤能，能容纳无能的人；君子聪明，能容纳愚昧的人；君子博闻多识，能容纳孤陋寡闻的人；君子道德纯洁，能容纳品行驳杂的人。这就是君子善于包容的品格。

子曰：君子"泛爱众而亲仁"。君子大爱天下人推行仁道。

《易经》说："君子以厚德载物。"君子的美德像大地承载万物包容万物一样。

83.君子安其身而后动，易其心而后语，定其交而后求。君子修此三者，故全也。

【出处】《易经》系辞下。子曰："君子安其身而后动，易其心而后语，定其交而后求。君子修此三者，故全也。危以动，则民不与也；惧以语，则民不应也；无交而求，则民不与也；莫之与，则伤之者至矣。"

【赏析】安：安定。动：动作、行动。易：和悦。

君子先要安定自己的身心后才谋图大业，先平和自己心态后再说话，先建立交情后才有所诉求。君子把这三项修好了，那么做人也就足够了。

安其身而后动，才能确保"动"的顺达。脚跟未站稳，动了要摔跤。

易其心而后语，才能确保"语"的理性。情绪未调好，说话不得体。

定其交而后求，才能确保"求"的成功。交情未建好，求之不可得。

84.君子食无求饱，居无求安，敏于事而慎于言，就有道而正焉，可谓好学也已。

【出处】《论语》学而篇。子曰："君子食无求饱，居无求安，敏于事而慎于言，就有道而正焉，可谓好学也已。"

【赏析】无：不。就：接近。有道：指有道德的人。正：匡正、端正。

君子食不追求饱足，居住不追求舒适，做事敏捷而说话谨慎，接近有道德的人来匡正自己的品德，这样可以说是好学了。

陈立夫说：君子对于饮食，不求十分充足，对于居住，不求十分安适，做事敏捷，说话谨慎，常去向有道的人请教，可以算得上是真正的好学的人了。

南怀瑾说：说明学问的道理，并不是只读死书，而是注重现实人生中的做人处世。孔子说生活不讲究太奢侈，"食无求饱"，尤其在艰难困苦中，不要有过分的、满足奢侈的要求。"居无求安"，住的地方，只要适当，能安贫乐道，不要贪求过分的安逸，贪求过分的享受。这两句话的意义，是不求物质生活的享受，而重视精神生命的升华。"敏于事而慎于言"，包括了一切责任、一切应该做的事，要敏捷——马上做。"慎于言"，不能乱说话。"就有道而正焉"，这个"道"就是指学问、修养。那么哪里叫"有道"呢？古人的书本，书本上就是"有道",从书本上去修正做人做事的道理,这个样子就叫作好学。

85.君子谋道不谋食。耕也,馁在其中矣;学也,禄在其中矣。君子忧道不忧贫。

【出处】《论语》卫灵公篇。子曰:"君子谋道不谋食。耕也,馁在其中矣;学也,禄在其中矣。君子忧道不忧贫。"

【赏析】谋:谋求、致力。馁:(něi):饥饿。禄:俸禄。

君子致力于道义而不致力于食物。耕田,会受饥于其中;学习,会受禄于其中。君子担忧仁道能否施行而不担忧自身贫穷。

朱熹说:耕田是为了谋食,而未必得食。念书是为了谋道,而俸禄便在里边。然而念书的目的是忧虑是否得道,而并非忧虑贫穷,其俸禄自然就会得到。

陈立夫说:君子所打算的是道,不把生活问题放在心头萦绕。譬如种田,饥饿的事会在种田里发生;譬如为学,俸禄也就在里面了。所以君子只忧虑道不得成,并不为了贫穷忧虑。

君子谋道不谋食。耕也,馁在其中矣;学也,禄在其中矣。君子忧道不忧贫。

南怀瑾说:一个真正有学问,以天下国家为己任的君子,只忧道之不行,不考虑生活的问题;比如耕种田地,只问耕耘不问收获。好好地努力，生活总可以过得去，发财不一定。只要努力求学问，有真学问不怕没有前途、没有位置，不怕埋没。

杜甫患难时还牵挂"安得广厦千万间，大庇天下寒士俱欢颜"，所以无暇顾及生活像乞丐一样的自己；焦裕禄病死在岗位上，是因为他对兰考人们说，"我是您的儿子"；荣获诺贝尔和平奖的特蕾莎修女，把一生都献给世界的穷人，临死前她的全部遗产，除两件换洗的粗布修女服和一双旧凉鞋外，几乎一无所有——这就是君子的"忧道不忧贫"。

86.君子之于禽兽也，见其生，不忍见其死；闻其声，不忍食其肉。是以君子远庖厨也。

【出处】《孟子》梁惠王章句上。曰："无伤也，是乃仁术也，见牛未见羊也。君子之于禽兽也，见其生，不忍见其死；闻其声，不忍食其肉。是以君子远庖厨也。"

【赏析】之于：对于。闻：听。庖厨：厨房。

君子对于飞禽走兽，乐于见它活着，而不忍心看它死去；乐于听它的声音，却不忍吃它的肉。所以君子会远离厨房（是不愿见杀生）。

南怀瑾说：君子远庖厨这句话，被后世曲解了。近代的年轻人，当太太要他到厨房里帮个小忙的时候，他就拿这句话来做挡箭牌。太太请原谅！孟老夫子说的，"君子远庖厨"，我要做君子，你的先生不能是小人哪！于是坐在客厅沙发上看电视，等太太把热腾腾的菜饭端来。这是笑话。可是后世把古人的名言曲解，并拿来做胡作非为借口的事例，实在不少。

亚圣孟子能在2500年前提出与动物和平共处，不杀生，主张素食，这是十分难能可贵的。

87. 君子安而不忘危，存而不忘亡，治而不忘乱；是以，身安而国家可保也。

【出处】《易经》系辞下。子曰："危者，安其位者也；亡者，保其存者也；乱者，有其治者也。是故，君子安而不忘危，存而不忘亡，治而不忘乱；是以，身安而国家可保也。"

【赏析】安：安全、平安。危：危难、不安全。存：存在。亡：死亡。治：安定、太平。乱：战争、叛乱。

君子安全的时候会想到危难，存在的时候会想到灭亡，太平的时候会想到战乱；所以君子自身安定了国家就可保全了。

这是君子的高瞻远瞩，政治眼光。

"居安思危"、"见微知著"，这是君子"明哲保身"的思维。君子不能安全保其身，何以用心卫其国？

88. 君子之道，或出或处，或默或语，二人同心，其利断金；同心之言，其臭如兰。

【出处】《周易》系辞上。子曰："君子之道，或出或处，或默或语，二人同心，其利断金；同心之言，其臭如兰。"

【赏析】利：锋利。金：金属。臭：同"嗅(xiù)"，用鼻子辨别气味。

君子为人处世准则，或许隐世或许出道，或许沉默或许张扬（那要看邦国是否有道来决定）。两人齐心协力，就像利刃可断金属；齐心协力之言，其味像兰花一样芳香。

一个有志于仕途的人，什么情况下出仕当官，什么情况不出仕当官，也是孔子和弟子谈论的一个话题。《论语》宪问篇第一章孔子回答弟子原宪的提问便涉及这一问题。原文前半部分是："宪问耻。子曰：'邦有道，谷。邦无道，谷，耻也。'"这句话的意思是："原宪问什么样的德行算是耻辱。孔子说：'国家政治清明，就当官拿俸禄；如果政治不清明，再当官拿俸禄，就是耻辱。'"所以君子或出或处就是这个意思。接下来，国家政治清明你就张扬你的性格，尽情发表你的参政见解；相反你就沉默吧，否则祸从口出，免遭杀身之祸。

89.君子不出家而成教于国。孝者，所以事君也；弟者，所以事长也；慈者，所以使众也。

【出处】《大学》第十章。释修身齐家："所谓治国必先齐其家者，其家不可教而能教人者，无之。故君子不出家而成教于国。孝者，所以事君也；弟者，所以事长也；慈者，所以使众也。"

【赏析】出家：离开家庭。成教：成功地教化、感化。弟（tì）：同"悌"，顺从兄长。

君子在家中也能成功服务于国家，家中的孝敬，同理可以用来侍奉国君；家中的孝悌，同理可以用来侍奉长者；家中的慈道，同理可以用来善待众人。

朱熹说：身修，则家可教矣；孝、弟、慈，所以修身而教于家者也；然而国之所以事君事长使众之道不外乎此。此所以家齐于上，而教成于下。

90.天不为人之恶寒也辍冬，地不为人之恶辽远也辍广，君子不为小人匈匈也辍行。

【出处】《荀子》天论篇："天不为人之恶寒也辍冬，地不为人之恶

辽远也辍广，君子不为小人匈匈也辍行。天有常道矣，地有常数矣，君子有常体矣。君子道其常，而小人计其功。"

【赏析】辍：同"绰（chuò）"，废止。辽远：遥远。匈匈：通"讻（xiōng）讻"，形容争辩喧闹的声音。

上天不因人们厌恶寒冷就取消冬季，大地不因人们厌恶遥远就废除宽广，君子不因小人的恶言秽语就中止善行。

君子以弘扬仁义之道为终生追求，仁义之道是天下至善至美之道，上合天理、下合人伦、顺应自然，是任何势力都不可阻挡的。大江东去，浩浩荡荡，永无止息。

91.君子诚之为贵。诚者非自成己而已也，所以成物也。成己，仁也；成物，知也。

【出处】《中庸》第二十五章："诚者物之终始，不诚无物。是故君子诚之为贵。诚者非自成己而已也，所以成物也。成己，仁也；成物，知也。性之德也，合外内之道也，故时措之宜也。"

【赏析】诚：真诚。成：成就、成功。已：停止。知：通"智"，智慧。

君子把真诚看得很珍贵。真诚并不是自我完善就万事大吉，还要帮助他人成就万物。自我完善是仁义的表现，成就万物是智慧的表现。

朱熹说：天下之物，皆实理之所为，故必得是理，然后有是物。所得之理既尽，则是物亦尽而无有矣。故人之心一有不实，则虽有所为亦如无有，而君子必以诚为贵也。人之心能无不实，乃为有以自成，而道之在我者亦无不行。诚虽所以成己，然既有以自成，则自然及物，而道亦行于彼。仁者体之存，知者用之发，是皆吾性之固有，而无内外之殊。既得于己，则见于事者，以时措之，而皆得其宜。

为何诚之为贵？《中庸》："唯天下至诚，为能经纶天下之大经。"只有具有人世间最诚挚之心的人，才能示范和弘扬天下之大道。君子就是这样的人。

君子诚之为贵。
诚者非自成己而已也，所以成物也。
成己，仁也；成物，知也。

92.君子所贵乎道者三：动容貌，斯远暴慢矣；正颜色，斯近信矣；出辞气，斯远鄙倍矣。

【出处】《论语》泰伯篇："君子所贵乎道者三：动容貌，斯远暴慢矣；正颜色，斯近信矣；出辞气，斯远鄙倍矣。笾豆之事，则有司存。"

【赏析】动容貌：动以容貌，以容貌打动人、和蔼。斯：这、这样。暴慢：粗暴、放肆。正颜色：使自己的脸色端庄、正派。出辞气：出言，说话。指注意说话的言辞和口气。鄙倍：浅薄、偏激。倍，通"背"，偏颇。

君子有益于弘道的态度有三方面：样子和蔼可亲，就可以远离粗暴、怠慢；脸色端庄正派，就给人以诚信印象；说话得体，就可以远离浅薄、偏激。

朱熹说：贵，犹重也。容貌，举一身而言。暴，粗厉也。慢，放

君子之道

肆也。信，实也。正颜色而近信，则非色庄也。辞，言语。气，声气也。鄙，凡陋也。倍，与背同，谓背理也。言道虽无所不在，然君子所重者，在此三事而已。是皆修身之要、为政之本，学者所当操存省察，而不可有造次颠沛之违。

南怀瑾说："君子所贵乎道者三"，这个"道"是儒家的、孔门的人生之道。就是说人之学道——作学问、受教育有三个重点。曾子在这里所讲的三个重点，我们的确要注意。

第一点，"动容貌，斯远暴慢矣"。就是人的仪态、风度，要从学问修养来慢慢改变自己，并不一定是天生的。前面说过的"色难"就是这个道理。暴是粗暴，慢是傲慢看不起人，人的这两种毛病，差不多是天生的。尤其是慢，人都有自我崇尚的心理，讲好听一点就是自尊心，但过分了就是傲慢。傲慢的结果就会觉得什么都是自己对。这些都是很难改过来的。经过学问修养的熏陶，粗暴傲慢的气息，自然化为谦和、安详的气质。

第二点，"正颜色，斯近信矣"。颜色就是神情。前面所说的仪态，包括了一举手、一投足等站姿、坐姿，一切动作所表现的气质；"颜色"则是对人的态度。例如同样答复别人一句话，态度上要诚恳，至少面带笑容，不要摆出一副冷面孔。

君子所贵乎道者三：动容貌，斯远暴慢矣；正颜色，斯近信矣；出辞气，斯远鄙倍矣。

仪态　修养　风度　谦和

第三点，"出辞气，斯远鄙倍矣"。所谓"出辞气"就是谈吐，善

于言谈。"夫人不言,言必有中。"这是学问修养的自然流露,做到这一步,当然就"远鄙倍"了。

93.君子动而世为天下道,行而世为天下则。远之则有望,近之则不厌。

【出处】《中庸》第二十九章:"是故君子动而世为天下道,行而世为天下法,言而世为天下则。远之则有望,近之则不厌。"

【赏析】动:举动。世:世代。法:法度。则:准则。望:仰望。厌:厌恶。

朱熹说:动,兼言行而言。道,兼法则而言。法,法度也。则,准则也。

君子的行为世代为天下的法则,其行动世代为天下的法度,其言论世代为天下的准则。远离君子的人会敬仰他,接近君子的人也喜欢他。

君子是世间人格的典范。君子是儒家理想化的人格表率。

94.君子中庸,小人反中庸。君子之中庸也,君子而时中;小人之中庸也,小人而无忌惮也。

【出处】《中庸》第二章。仲尼曰:"君子中庸,小人反中庸。君子之中庸也,君子而时中;小人之中庸也,小人而无忌惮也。"

【赏析】中庸:不偏之谓中,不易之为庸。时中:每时每刻都遵守。无忌惮:无所顾忌。

君子恪守中庸之道,小人则违反它。君子恪守中庸之道每时每刻从不懈怠;小人违反中庸之道所作所为肆无忌惮。

中庸:《中庸》原是《礼记》中的一篇。《礼记》是古代一部重要的汉民族典章制度书籍。为战国时子思作。全篇以"中庸"作为最高的道德准则和自然法律。宋代把它与《大学》《论语》《孟子》并列为"四书"。宋、元以后，《中庸》成为学校官定的教科书和科举考试的必读书，对古代教育产生了极大的影响。中庸就是既不善也不恶的人的本性。从人性来讲，就是人性的本原，人的根本智慧本性。

中庸是人生的大道，是事业成功、生活与健康的根本理论，基本包含三层意义：第一层意义：中不偏，庸不易。是指人生不偏离，不变换自己的目标和主张。这就是一个持之以恒的成功之道。孔子有曰："中庸之为德也，其至矣乎！民鲜久矣。"第二层意义：指中正、平和。人需要保持中正平和，如果失去中正、平和，一定是喜、怒、哀、乐太过，治怒唯有乐，治过喜莫过礼，守礼的方法在于敬。第三层意义：中指好的意思，庸同用，即中用的意思。指人要拥有一技之长，做一个有用的人才。

朱熹说：中庸者，不偏不倚、无过不及，而平常之理，乃天命所当然，精微之极致也。惟君子为能体之，小人反是。王肃本作"小人之反中庸也"，程子亦以为然。今从之。君子之所以为中庸者，以其有君子之德，而又能随时以处中也。小人之所以反中庸者，以其有小人之心，而又无所忌惮也。盖中无定体，随时而在，是乃平常之理也。君子知其在我，故能戒谨不睹、恐惧不闻，而无时不中。小人不知有此，则肆欲妄行，而无所忌惮矣。

95.君子贫穷而志广，富贵而体恭，安燕而血气不惰，劳倦而容貌不枯，怒不过夺，喜不过予。

【出处】《荀子》修身篇："君子贫穷而志广，富贵而体恭，安燕而血气不惰，劳倦而容貌不枯，怒不过夺，喜不过予。君子贫穷而志广，隆仁也；富贵而体恭，杀势也；安燕而血气不惰，柬理也；劳倦而容貌不枯，好交也；怒不过夺，喜不过予，是法胜私也。"

【赏析】燕：通"宴"，安逸。惰：懈怠。枯：枯萎，萎靡。夺：剥夺，使丧失，此指处罚。予：给予、赏赐。

君子即使贫穷困窘，也志向远大；即使富裕高贵，仍体貌恭谦；即使生活安逸，精神也不懈怠；即使疲倦，也不无精打采；即使发怒，也不过分处罚人；即使高兴，也不过分赏赐人。

96.是故君子有诸己而后求诸人，无诸己而后非诸人。所藏乎身不恕，而能喻诸人者，未之有也。

【出处】《大学》第九章。释修身齐家："尧舜帅天下以仁，而民从之；桀纣帅天下以暴，而民从之。其所令反其所好，而民不从。是故君子有诸己而后求诸人，无诸己而后非诸人。所藏乎身不恕，而能喻诸人者，未之有也。"

【赏析】诸："之于"的意思。恕：恕道，即将心比己的品德。喻：使别人明白。

所以君子总是自己先做到，然后才要求别人做到；自己先不做，才要求别人不这样做。如果自己品性不合恕道，却能使别人明白善恶之理，那是不可能的事情。

朱熹说：有善于己，然后可以责人之善；无恶于己，然后可以正人之恶。皆推己以及人，所谓恕也，不如是，则所令反其所好，而民不从矣。喻，晓也。

97.君子有三畏：畏天命，畏大人，畏圣人之言。小人不知天命而不畏也，狎大人，侮圣人之言。

【出处】《论语》季氏篇。孔子曰："君子有三畏：畏天命，畏大人，畏圣人之言。小人不知天命而不畏也，狎大人，侮圣人之言。"

【赏析】畏：敬畏。天命：上天赋予人的命运；自然界的必然性。狎（xiá）：亲近而态度不庄重。

君子有三件敬畏的事情：敬畏天命，敬畏地位高贵的人，敬畏圣人的话。小人不懂得天命，因而也不敬畏，不尊重地位高贵的人，还轻侮圣人之言。

朱熹说：畏者，严惮之意也。天命者，天所赋之正理也。知其可畏，则其戒谨恐惧，自有不能已者。而付畀之重，可以不失矣。大人、圣言，皆天命所当畏。知畏天命，则不得不畏之矣。侮，戏玩也。不知天命，故不识义理，而无所忌惮如此。

陈立夫说：君子有三件可畏的事：第一是畏天命；第二是畏有德位的大人；第三是畏圣人所说的话。小人不知道什么是天命，所以是不畏的。并且看轻那些有德位的大人，而又藐视圣人的话。

南怀瑾说：这里所谓畏就是敬，人生无所畏，实在很危险，只有两种人可以无畏，一种是第一等智慧的人，一种是最笨的人，可以不要畏。人生要找一个所怕的。孔子教我们要找畏惧，没有畏惧不行。第一个"畏天命"，等于宗教信仰，中国古代没有宗教的形态，而有宗教哲学。中国的乡下人往往是大哲学家，很懂得哲学，因为他相信命。至于命又是什么，他不知道，反正事好事坏，都认为是命，这就是哲学，他的思想有一个中心。天命也是这样，这"畏天命"三个字，包括了一切宗教信仰，信上帝、主宰、佛。这些都是"畏天命"。一个人有所怕才有所成，一个人到了无所怕的地步，是不会成功的。第二点"畏大人"，这个大人并不是一定指官做得大。对父母、长辈、有道德学问的人有所怕，才有成就。第三"畏圣人之言"，像我们读《论语》，看"四书五经"，基督教徒看《圣经》，佛教徒看佛经，这些都是圣人之言，怕违反了圣人的话。我们只要研究历史上的成功人物，他们心理上一定有个东西，以普通的哲学来讲，就是找一个信仰的东西，一个主义，一个目的为中心，假使没有这个中心就完了。孔子说，相反的，小人不知天命，所以不怕。"狎大人"，玩弄别人，一切都不信任，也不怕圣人的话，结果一无所成。这中间的道理也很多，历史、政治、哲学都有关系，古今中外历史上，凡是有所创造的人，总要找一顶帽子戴着。

98.君子不可以不修身；思修身，不可以不事亲；思事亲，不可以不知人，思知人，不可以不知天。

【出处】《中庸》第二十章："故君子不可以不修身；思修身，不可以不事亲；思事亲，不可以不知人；思知人，不可以不知天。"

【赏析】修身：修养品德。事亲：侍奉亲人。知人：知贤爱人。知天：了解天理。

君子不可以不修养品性；要修养自己的品性，就不能不侍奉亲人；要侍奉亲人，就不得不知贤爱人，要知贤爱人，就不得不了解天理。

朱熹说：为政在人，取人以身，故不可以不修身。修身以道，修道以仁，故思修身不可以不事亲。欲尽亲亲之仁，必由尊贤之义，故又当知人。时序时运皆天理也，故又当知天。

99.君子有九思：视思明，听思聪，色思温，貌思恭，言思忠，事思敬，疑思问，忿思难，见得思义。

【出处】《论语》季氏篇。孔子曰："君子有九思：视思明，听思聪，色思温，貌思恭，言思忠，事思敬，疑思问，忿思难，见得思义。"

【赏析】思：思考。敬：敬肃、不怠慢。忿：愤怒。难：危难。

君子有九种必须思考的事情：观看东西，要思考是否看清楚；倾听声音，要思考是否听明白；自己的脸色，要思考是否温和；自身的容貌，要思考是否谦恭；言谈的时候，要思考是否诚信；办事的时候,要思考是否怠慢;遇到疑问,要思考是否向别人询问;愤怒时,要思考是否留有后患;获取财利时,要思考是否合乎道义。

朱熹说:视无所蔽,则明无不见。听无所壅,则聪无不闻。色,见于面者。貌,举身而言。思问,则疑不蓄。思难,则忿必惩。思义,则得不苟。

君子有九思:视思明,听思聪,色思温,貌思恭,言思忠,事思敬,疑思问,忿思难,见得思义。

南怀瑾说:这九个条件,完全讲到思想问题。在我们生活思想上,以伦理道德为做人做事的标准,孔子说有九个重点。如"视思明",当然看东西要看得清楚,但这并不是指两个眼睛去看东西,现在眼睛看不清楚也没有关系,街上眼镜店多得很。这是抽象的,讲精神上对任何事情的观察,要特别注意看得清楚。同样听了别人的话以后,也要加以考虑,所以谣言止于智者。我经验中常遇到赵甲来说钱乙,钱乙来说孙丙,我也常常告诉他们说,这些话不必相信,只是谣言,听来的话要用智慧去判断。脸色态度要温和,套用现代的话,是不可摆出神气的样子。对人的态度,处处要恭敬,恭敬并不是刻板,而是出于至诚的心愫。讲话言而有信。对事情负责任。有怀疑就要研究,找寻正确的答案。"忿思难"的"忿",照文字上讲是愤怒,实际是情绪上的冲动,就是对一件事情,在情绪上冲动要去做时,要考虑考虑,每件事都有它难的一面,不要一鼓作气就去做了。最重要的是"见得思义",凡是种种利益,在可以拿到手的时候,就应该考虑是否合理,应该不应该拿。

100.君子宽而不僈，廉而不刿，辩而不争，察而不激，直立而不胜，坚强而不暴，柔从而不流，恭敬谨慎而容。

【出处】《荀子》不苟篇："君子宽而不僈，廉而不刿，辩而不争，察而不激，直立而不胜，坚强而不暴，柔从而不流，恭敬谨慎而容。夫是之谓至文。《诗》曰：'温温恭人，惟德之基。'此之谓矣。"

【赏析】僈（màn）：通"慢"，怠慢。廉：廉洁。刿（guì）：刺伤，伤害。

君子的八条美德：宽宏大量，但不懈怠；方正廉洁，但不尖刻；能言善辩，但不争吵；洞察一切，但不激切；卓尔不群，但不盛气凌人；坚定刚强，但不粗鲁凶暴；宽柔和顺，但不随波逐流；恭敬谨慎又待人宽容。

101.君子和而不流，强哉矫！中立而不倚，强哉矫！国有道，不变塞焉，强哉矫！国无道，至死不变，强哉矫！

【出处】《中庸》第十章："故君子和而不流，强哉矫！中立而不倚，强哉矫！国有道，不变塞焉，强哉矫！国无道，至死不变，强哉矫！"

【赏析】和而不流：性格随和但不与流俗相混。强哉矫：指强者的外貌威严。矫，强而勇武。倚：偏。塞：塞责、尽责。

朱熹说：矫，强貌。《诗》曰"矫矫虎臣"是也。倚，偏着也。塞，未达也。国有道，不变未达之所守；国无道，不变平生之所守。此则所谓中庸之不可能者，非有以自胜其人欲之私，不能择而守也。君子之强，孰大于是。夫子以是告子路者，所以抑其血气之刚，而进之以德义之勇也。

君子性格随和，保持原则，不同流合污，这是真正的强啊！固守中庸不偏不倚，这是真正的强啊！国家清明不改变志向，这是真正的强啊！国家混乱腐败，至死不改初心，这是真正的强啊！

102. 子贡曰："君子亦有恶乎？"子曰："有恶。恶称人之恶者，恶居下流而讪上者，恶勇而无礼者，恶果敢而窒者。"

【出处】《论语》阳货篇。子贡曰："君子亦有恶乎？"子曰："有恶。恶称人之恶者，恶居下流而讪上者，恶勇而无礼者，恶果敢而窒者。"曰："赐也亦有恶乎？""恶徼以为知者，恶不孙以为勇者，恶讦以为直者。"

【赏析】恶（wù）：厌恶、反感。下流：下等的，在下的。讪（shàn）：诽谤。窒：阻塞，不通事理，顽固不化。

子贡说："君子也有厌恶的事吗？"孔子说："有厌恶的事。厌恶宣扬别人的坏处，厌恶处下层而去诽谤领导，厌恶勇敢而不懂礼节的人，厌恶固执而不通事理的人。"

朱熹说：恶，去声，下同。惟恶者之恶如字。讪，所谏反。讪，谤毁也。窒，不通也。称人恶，则无仁厚之意。下讪上，则无忠敬之心。勇无礼，则为乱。果而窒，则妄作。故夫子恶之。徼，古尧反。知、孙，并去声。讦，居谒反。"恶徼"以下，子贡之言也。徼，伺察也。讦，谓攻发人之阴私。杨氏曰："仁者无不爱，则君子疑若无恶矣。子贡之有是心也，故问焉以质其是非。"侯氏曰："圣贤之所恶如此，所谓唯仁者能恶人也。"

陈立夫说：君子也有厌恶别人的时候吗？孔子说，有的。厌恶那在背后说人家错处的、厌恶那在下位而毁谤在上位的、厌恶那专仗勇气而不顾到礼的、厌恶那自称有决断其实是不通事理的。

103.君子有三戒：少之时，血气未定，戒之在色；及其壮也，血气方刚，戒之在斗；及其老也，血气既衰，戒之在得。

【出处】《论语》季氏篇。孔子曰："君子有三戒：少之时，血气未定，戒之在色；及其壮也，血气方刚，戒之在斗；及其老也，血气既衰，戒之在得。"

【赏析】戒：戒除。色：女色。斗：与人争斗。得：贪得无厌。

君子人生有三戒：年少的时候，血气还不充盈，不能沉迷于女色；等到壮年的时候，血气方刚，要远离与人争斗；等到老年，血气已经衰弱，那便要戒除贪恋之心了。

朱熹说：血气，形之所待以生者，血阴而气阳也。得，贪得也。随时知戒，以理胜之，则不为血气所使也。

陈立夫说：君子有三件当戒的事：少年时期，气血没有镇定，当戒色欲；到了壮年时期，血气正在刚强，当戒争斗；到了老年时期，血气已经衰弱，当戒贪得。

104.君子深造之以道，欲其自得之也。自得之，则居之安。居之安，则资之深。资之深，则取之左右逢其原。故君子欲其自得之也。

【出处】《孟子》离娄章句下。孟子曰："君子深造之以道，欲其自得之也。自得之，则居之安。居之安，则资之深。资之深，则取之左右逢其原。故君子欲其自得之也。"

【赏析】造：造化。道：道义、仁道。欲：想要、希望。左右逢其原（源）。原：原同源。原指水源充足，后指赏识广博，做事得心应手。

君子深研儒家之道，是想自己能明了其中的道理。自己获得了道理，才能立世安定；立世安定才能收获丰厚；收获丰厚，就能事事顺心、得心应手；所以君子能学而不厌，意欲不断充实自己。

朱熹说：造，诣也。深造之者，进而不已之意。道，则其进为之方也。资，犹借也。左右，身之两旁，言至近而非一处也。逢，犹值也。原，本也，水之来处也。言君子务于深造而必以其道者，欲其有所持循，以俟夫默识心通，自然而得之于己也。自得于己，则所以处之者安固而不摇；处之安固，则所借者深远而无尽；所借者深，则日用之闲取之至近，无所往而不值其所资之本也。

陈立夫说：君子要高深地向上造诣他自己所追求的学问，一定要有方法和次序，是要自己能自然地得到。能自然地得到，便能对于自己所追求的学问平时处得安平而不急躁；处得安平而不急躁，便能对自己所追求的学问，凭借得很深；对自己追求的学问凭借得很深，便能取之不尽，无待远求，前后左右都能触到自己所追求的学问本源；所以，君子一定要自己自然地得到。

105.君子易知而难狎，易惧而难胁，畏患而不避义死，欲利而不为所非，交亲而不比，言辩而不辞。荡荡乎，其有以殊于世也。

【出处】《荀子》不苟篇："君子易知而难狎，易惧而难胁，畏患而不避义死，欲利而不为所非，交亲而不比，言辩而不辞。荡荡乎，其有以殊于世也。"

【赏析】知：了解、结识。狎（xiá）：亲近而态度不庄重。比：勾结。荡荡：坦荡。殊：不同。

君子容易结交，但难以勾搭；容易恐惧，但难以胁迫；害怕祸患，但不逃避为正义牺牲；希望得利，但不做不义之事；与人亲善，但不勾结；言谈雄辩，但不玩弄辞藻。胸怀非常宽广啊，与世俗大相径庭。

"君子易知而难狎"，小人则难以知心，却容易勾搭同谋。所以行贿者，面对小人当政就容易得手。

"欲利而不为所非"，君子同样希望得到利益，只是他在乎"取之有道"，绝不贪不义之财。

106.君子有三乐，而王天下不与存焉。父母俱存，兄弟无故，一乐也。仰不愧于天，俯不怍于人，二乐也。得天下英才而教育之，三乐也。

【出处】《孟子》尽心章句上。孟子曰："君子有三乐，而王天下不与存焉。父母俱存，兄弟无故，一乐也。仰不愧于天，俯不怍于人，二乐也。得天下英才而教育之，三乐也。君子有三乐，而王天下不与存焉。"

【赏析】王：成王业。故：死亡。怍（zuò）：惭愧。英才：优秀的人才。

君子有三件值得快乐的事，用仁德统一天下不包括在内。第一乐事：父母都健在，兄弟没病没灾；第二乐事：抬头无愧于天，低头无愧于人；第三乐事：招来天下优秀人才而教育他们。

陈立夫说：君子有三种快乐，那称王天下的快乐，却不在内。父母都在，兄弟没有变故而和乐。上没有对不起天的事，下没有对不起人的事，这是第二种快乐。得到天下的英才而教育他，这是第三种快乐。君子只要有这三种快乐，那称王天下的快乐却不在三种快乐以内啊。

107.君子易事而难说也。说之不以其道，不说也；及其使人也，器之。小人难事而易说也。说之虽不以道，说之；及其使人也，求备焉。

【出处】《论语》子路篇。子曰："君子易事而难说也。说之不以其道，不说也；及其使人也，器之。小人难事而易说也。说之虽不以道，说之；及其使人也，求备焉。"

【赏析】易事：易于与人相处共事。说（yuè）：通"悦"，欢喜、赏识。器之：量才使用他。求备：求全责备。

与君子共事很容易，但很难得到他的赏识。不按正道讨他喜欢，他是不高兴的。一旦他用人的时候，总是量才录用；而与小人共事很难，但要取悦于他则很容易。不按正道去讨好他，他也会很高兴。但等到他使用人的时候，却又求全责备。

朱熹说：说，音悦。器之，谓随其材器而使之也。君子之心公而恕，小人之心私而刻。天理人欲之间，每相反而已矣。

陈立夫说：在君子底下工作很容易，却难使他欢喜，不用正当的方式去博得他的喜欢，他不会欢喜。等到他使用人的时候，却是衡量各人的才德去分配任务。在小人底下工作很难，却容易使他欢喜。用不正当的方式，去博得他喜欢，他是会欢喜的，等到他使用人的时候，却百般挑剔求全责备。

本条经文是君子与小人在与人相处和任人为用方面截然不同的态度原则。

108.君子素其位而行，不愿乎其外。素富贵，行乎富贵；素贫贱，行乎贫贱；素夷狄，行乎夷狄；素患难，行乎患难，君子无入而不自得焉。

【出处】《中庸》第十四章："君子素其位而行，不愿乎其外。素富贵，行乎富贵；素贫贱，行乎贫贱；素夷狄，行乎夷狄；素患难，行乎患难，君子无入而不自得焉。在上位不陵下，在下位不援上，正己而不求于人则无怨。上不怨天，下不尤人。"

【赏析】素：单一、本分。愿：希望、向往。夷狄：少数民族、异族。入：处于。自得：悠然自得。

君子在自己的位置上做属于本分的事，不向往本分外的事情。在富贵的位置上就做富贵者分内的事；在贫贱的位置上就做贫贱者分内的事；身在异族就做异族人分内的事；身于患难就做患难者分内的事，君子无论身处何处都能悠然自得。

朱熹说：君子素其位而行，不愿乎其外。素，犹见在也。言君子但因见在所居之位而为其所当为，无慕乎其外之心也。素富贵，行乎富贵；素贫贱，行乎贫贱；素夷狄，行乎夷狄；素患难，行乎患难；君子无入而不自得焉。此言素其位而行也。

君子素其位而行，不愿乎其外。素富贵，行乎富贵；素贫贱，行乎贫贱；素夷狄，行乎夷狄；素患难，行乎患难，君子无入而不自得焉。

陈立夫说：君子守着自己当时所处的地位行事，不想到自己的地位以外去。平素处在富贵的地位，就行那富贵的事；平素处在贫贱的地位，就行那贫贱的事；处在夷狄的地方，就行那夷狄的事；处在患难的地位，就行那患难的事。君子无论到什么地位都能悠然自得。

109. 君子之道，闇然而日章；小人之道，的然而日亡。君子之道：淡而不厌，简而文，温而理，知远之近，知风之自，知微之显，可与入德矣。

【出处】《中庸》第三十三章："《诗》曰'衣锦尚絅'，恶其文之著也。故君子之道，闇然而日章；小人之道，的然而日亡。君子之道：淡而不厌，简而文，温而理，知远之近，知风之自，知微之显，可与入德矣。"

【赏析】闇（àn）：通"暗"，昏暗。闇然：看不见的样子。章：同"彰"，彰显。的（dì）然：确凿不移的样子。简：简易。文：文质彬彬。温：温和。理：条理。之：于，自。

君子的道理深远，看不见却又日益彰显；小人的道理确确实实在日渐消亡。君子的道理平实却不使人讨厌，简单而又富有文采，温和亲切又有条不紊，知道遥远始于足下，知道教化必须从我做起，知道微妙来自于浅显，掌握了这些道理就可以进入高尚境界了。

陈立夫说：君子的道很暗淡的样子，但是一天一天地在彰明而显著。小人的道，很明白的样子，但是一天一天地在消亡。

110.君子有三思而不可不思也：少而不学，长无能也；老而不教，死无思也；有而不施，穷无与也。是故君子少思长，则学；老思死，则教；有思穷，则施也。

【出处】《荀子》法行篇。孔子曰："君子有三思而不可不思也：少而不学，长无能也；老而不教，死无思也；有而不施，穷无与也。是故君子少思长，则学；老思死，则教；有思穷，则施也。"

【赏析】思：考虑。能：才能。教：教化。施：给予。

君子有三种思维是不可以不考虑的：小时候不学习，长大了就没有才能；老了都未懂教化，死后就没人怀念；富有而不懂施舍，穷了就没人周济。所以，君子小时就考虑长大后的事，就要学习；老了要考虑死后的事，就要教育；富有时想到贫穷的处境，就会懂得施舍。

111.古之君子，过则改之；今之君子，过则顺之。古之君子，其过也，如日月之食，民皆见之；及其更也，民皆仰之。今之君子，岂徒顺之，又从为之辞。

【出处】《孟子》公孙丑章句下："且古之君子，过则改之；今之君子，过则顺之。古之君子，其过也，如日月之食，民皆见之；及其更也，民皆仰之。今之君子，岂徒顺之，又从为之辞。"

【赏析】过：过错。改：改正。顺：任其发展。岂徒：岂是仅仅，难道只是。

朱熹说：顺，犹遂也。更，改也。辞，辩也。更之则无损于明，故民仰之。顺而为之辞，则其过愈深矣。

古时候的君子，有错就改之；现在的君子，有了过错就任其发展。古时候的君子，他的过错就像日食、月食一样，百姓们都看得见，等到他改正的时候，百姓们都仰慕他。现在的君子，有错后不只是任其发展，还找很多借口来为己掩饰和辩护。

第三卷

君子
德行

一部人类社会的发展史，就是一部英雄带领大众的奋斗史。而这个"英雄"，在中国便称之为"君子"；在欧美则称之为"贵族"；在近代的欧美则称之为"精英"。

君子的思想情操称之为："君子之道。"

贵族的思想情操称之为："贵族精神。"（早期的骑士是一种荣誉称号，属于贵族的最底层。他们是正式受训的骑兵。他们的情操叫"骑士精神"。）

精英的思想情操称之为："精英主义。"

"贵族"是具有丰富人文内涵的一种特指。最早的贵族起源于欧洲，作为一种历史文化传统，贵族不仅意味着一种地位和头衔，也意味着社会行为准则和价值标准，一种我们称之为"贵族精神"的东西。它涵盖：一是文化教养，能抵御物欲主义的诱惑，不以享乐为人生目的，培育高贵的道德情操与文化精神。二是社会担当，作为社会精英，能严于自律，珍惜荣誉，扶助弱势群体，担当起社区与国家的责任。三是自由灵魂，有独立的意志，在权力与金钱面前敢于说不。而且具有知性与道德的自主性，能够超越时尚与潮流，不为政治强权与多数人的意见所奴役。

"精英"一词最早出现在17世纪的法国，意指"精选出来的少数"或"优秀人物"。精英理论认为，社会的统领者是社会的少数，但他们在智力、性格、能力、财产等诸多方面超过大多数被统领者，对社会发展有着极其重要的影响和作用，是社会的精英。而今世人对"精英"认识更加普及和泛化。我们已把各行各业中那些德才兼备的领军人物称之为"精英"。

现在，我们从儒家德行"五常"——仁、义、礼、智、信的视角，去纵观古今中外的"君子"，让我们听听他们的故事。

一、仁

> 君子忧道不忧贫。
> ——《论语》

> 君子以厚德载物。
> ——《易经》

"仁"是儒家学说的核心，对中华文化和社会的发展产生了重大影响。

"仁"字始见于儒家经典《尚书·金縢》："予仁若考。"仁指好的道德。孔子首先把仁作为儒家最高道德规范，提出以仁为核心的一套学说。仁的内容包含甚广，核心是爱人。

仁字从人从二，也就是人们互存、互助、互爱的意思，故其基本含义是指对他人的尊重和友爱。儒家把仁的学说施之于政治，形成仁政说。

孟子发挥了孔子的思想，把仁同义联系起来，把仁义看作道德行为的最高准则。其"仁"，指人心，即人皆有之的恻隐之心、仁爱之心；其"义"，指正路，"义，人之正路也"。

1. 范仲淹的风水宅

范仲淹年幼时家境贫寒。少年读书于长白山僧舍的时候，每天只熬一锅粥。等到第二天粥已凝固成饼后，便用刀将"粥饼"切成四块，早晚各取两块。没有菜，仅用数十根咸菜来下饭。穷困磨炼了范仲淹的意志力，并造就了他一颗对穷人的悲悯之心。

身居高位之后，范仲淹虽然薪俸丰厚，却依然勤俭。他把自己积攒下的大量家财拿出来，在家乡苏州郊外的吴、长两县购买土地近千亩，以地租所得救济当地的穷人，使他们"日有食，岁有衣"。

这千亩田地因此被人们誉为"义田"。

当地凡有人家婚丧嫁娶，范仲淹都会拿出钱财来资助。对于鳏寡孤独之人，范仲淹还会定期给予周济。范仲淹的家乡因而也被人们称作"义庄"。

除了扶贫济困，范仲淹还热心于苏州的教育事业。《范文正公全集》记述了这样一个故事：

北宋景祐二年（1035年），范仲淹在苏州南园购得一处草木葱茏，溪水环绕的好地。当房屋建好后，范仲淹请来一位风水先生测看。先生探查了一番后，大夸此地风水甚好，并说："若久居此处，必踵生公卿。"也就是说范家居住在此可世世代代频出高官显贵。范仲淹听后高兴不已，便说："我家独享此处富贵，不如让天下的人都能来此读书，岂不是能出更多贵人？"（"吾家有其贵，孰若天下之士咸教育于此，贵将无已焉。"）原本是想在此建设自家住宅的范仲淹，竟然毫不犹豫地将房地献出，并奏请朝廷批准在此设立苏州文庙，以期培养更多天下人才。

范仲淹捐宅兴学的举动在当时影响极大，以至当地富豪们纷纷效仿。据说"吴学"日后的兴盛即得益于此，并有了"苏学天下第一"的说法。

范仲淹用自己的行为实践了其在《岳阳楼记》中所发的誓言："先天下之忧而忧，后天下之乐而乐。"

范仲淹是君子。他实践了自己的人生信念，实践了忧国忧民、勇于社会担当的初心。

2. 一个乞丐的心怀

武训，是清末山东堂邑人。三岁时死了父亲，家境贫寒，只得以乞讨度日。他每次讨来食物，总会先侍奉母亲，有剩余的才自己吃，因而被家乡父老称为"孝乞"。

七岁的时候，武训的母亲也去世了。此后，他便一边乞讨一边为富人家做工。由于目不识丁，曾被一个雇主骗去工钱。这让他决心兴办义学。

为了积攒办学的费用，武训白天在街市上乞讨时不惜委屈受辱以获取更多施舍，晚上则熬更守夜为人纺织麻线挣钱。

几年过后，竟攒够了六千文钱。一天，他来到当地一富人家，跪在门外要见主人。这家主人让仆人用钱把他打发走，不料武训却说："若见不到主人，我就在此长跪不起。"主人无奈，只好来见他。武训说："乞丐我有求贵人，恳请您一定答应我！"主人问："你是想要钱吗？"武训答道："不，我不是想向您讨钱，而是有钱要送到您这里！"这个富人感到很奇怪。武训接着说："我现在有六千文钱，想存到您这样的富贵人家里，由您经营，日后希望您能给我些利息。"这家主人见钱并不多，便答应了他的请求。

此后，武训每攒够一千文钱就存到这户人家，而他由此所获的息金也随之增加，本息积累终至白银几百两。

1888年，武训出资四千余吊钱在堂邑柳林庄办起了第一座义塾。他高薪聘请塾师授课，并到穷人家去跪求父母把孩子送到学校免费读书。开学那天，武训拜见了每一位老师和学生，并摆下丰盛的酒宴款待他们。武训自觉身份卑微，不便入座，所以就请来了当地有声望的名人陪席。而武训本人则只吃些残羹剩饭。

平日上课，武训也多到义塾去探视，见到老师勤奋授课，他便跪地拜谢；若是遇到塾师懈怠或学生贪玩，就长跪不起，流泪劝其勤勉。师生因此都对武训非常敬畏而不敢有所懈怠。

后来，武训又靠乞讨所得兴办了陶馆、临清两所义塾。山东巡抚张曜得知武训乞讨兴学的义举后，赐名为"训"，并奏请朝廷赐武训"乐善好施"匾。据说光绪帝甚至还赏武训穿黄马褂，以行表彰。

1896年，五十九岁的武训在为家乡留下三座学堂后，长辞于临清义塾中。据《清史稿》记载，武训在弥留之际，还在听着学童们的诵读之声，直至含笑离去。近现代名人梁启超、冯玉祥、陶行知等，都曾为武训撰文，讲述一个义丐乞讨兴学、尚善尚仁的感人故事。

武训是君子。"贫贱不能移"（孟子语），武训是身处卑微却心怀百姓教育的君子。

3. 特蕾莎的请求

1979年12月8日，该年度诺贝尔和平奖得主特蕾莎修女飞抵挪威首都奥斯陆。

诺贝尔和平奖评委会主席萨涅斯亲自到机场迎接，并高兴地向特蕾莎修女宣布，挪威国王将在典礼宴会上接见她。

修女心里一震："宴会？"

"是颁奖典礼后举行的盛大宴会，135名贵宾应邀参加，有国王、总统、总理、政要、名流。这是惯例，年年如此。"萨涅斯高兴地说。

修女沉思片刻后问道："主席先生，举办这样一次宴会得花费多少钱？"

"7000美元。"萨涅斯不知修女何意，认真地回答道。

"什么？7000美元！"特蕾莎修女睁大眼睛，目光里露出无限的惋惜。过了几分钟，她鼓起勇气，试探性地问道："尊敬的主席先生，我有一个请求……请求您取消……取消这次宴会。"

"取消宴会？"萨涅斯主席十分惊诧，几乎不敢相信自己的耳朵。从1901年设立诺贝尔和平奖以来，第一次有人提出这么奇怪的请求。

"是的,我请求主席先生取消这次宴会,把省下来的钱交给我去救助那些饥寒交迫的穷人。"特蕾莎修女激动极了,声音有些颤抖,"要知道,7000美元足够30000个印度乞丐饱食一天啊!"特蕾莎修女不敢再看萨涅斯,她低下头,紧张地等待这个大人物的决断。

萨涅斯低下头,紧紧咬着嘴唇,好像在想着什么。

特蕾莎修女有些歉意,问道:"主席先生,我的请求是不是让您为难了?"

"不,不!"主席仰起脸,热泪洗面,这位严峻得有点冷酷的权威此时泣不成声。他向特蕾莎深深地鞠了一躬,"我亲爱的修女,您的请求深深地感动了我,感动了世界,我代表世界上所有的穷人和善良的人谢谢您了。"

一个感动世界的请求之后,便是一个震撼世界的行动。特蕾莎修女一生为穷人服务,过度的操劳和奔波,使她那干瘦的身躯已经佝偻,深深的皱纹像刀子刻的一样,遍布在她那慈祥的脸上,也仿佛是她维护穷人权益的艰辛记录。即使来参加这样世界级的盛典,身上穿的仍是那件伴她出入贫民窟的粗布莎丽,在寒风中她显得那样单薄,弱不禁风。那双裸露一生的光脚板已被风寒扭曲,脚趾完全变形,可她从不舍得为自己买一双袜子……在她的卧室里,没有一件家用电器,除了电灯,只有一部实在不能没有的电话。她没有办公室,即使是尊贵的客人也只能在走廊里接待。

1997年,当她离开这个令她牵肠挂肚的世界时,除了两件换洗的粗布莎丽和一双旧凉鞋,几乎一无所有。

特蕾莎是君子。"达则兼善天下"(孟子语),特蕾莎未"达",却能倾其所有终生造福于人,一生自甘清贫,是何等的君子风范!

4. 曼德拉的客人

南非的民族斗士曼德拉，因为领导反对白人种族隔离政策而入狱，白人统治者把他关在荒凉的大西洋小岛罗本岛长达27年。当时尽管曼德拉已经高龄，但是白人统治者依然像对待一般的年轻犯人一样对他进行残酷的虐待。

罗本岛位于距离开普敦西北方向7英里的桌湾，岛上布满岩石，到处都是海豹和蛇及其他动物。

曼德拉被关在总集中营的一个锌皮房内，白天打石头，将采石场采的大石块碎成石料。有时从冰冷的海水里捞取海带，还做采石灰的工作。他每天早晨排队到采石场，然后被解开脚镣，下到一个很大的石灰石田地，用尖镐和铁锹挖掘石灰石。因为曼德拉是要犯，专门看守他的人就有三个。他们对他并不友好，总是寻找各种理由虐待他。

但是，当1991年曼德拉出狱当选总统以后，曼德拉在他的总统就职典礼上的一个举动震惊了整个世界。

总统就职仪式开始了，曼德拉起身致辞欢迎来宾。他先介绍了来自世界各国的政要，然后他说，虽然他深感荣幸能接待这么多尊贵的客人，但他最高兴的是当初他被关在罗本岛监狱时，看守他的三名前狱方人员也能到场。他邀请他们站起身，以便他能介绍给大家。

曼德拉博大的胸襟和宽宏的精神，让南非那些残酷虐待了他27年的白人无地自容，也让所有到场的人肃然起敬。

看着年迈的曼德拉缓缓站起身来，恭敬地向三个曾虐待他的看守致敬，在场的所有的来宾以至于整个世界都静下来了。

后来，曼德拉向朋友们解释说，自己年轻时性子很急，脾气暴躁，正是在狱中学会了控制情绪才活了下来。他的牢狱岁月给了他时间与激励，使他学会了如何处理自己遭遇苦难的痛苦。他说，感恩与宽容经常是源自痛苦与磨难的，必须以极大的毅力来训练。

他说起获释出狱当天的心情：当我走出囚室、迈过通往自由的监狱大门时，我已经清楚，自己若不能把悲痛与怨恨留在身后，那么我其实仍在狱中。

曼德拉像海洋一样宽广的胸怀包容了万物，也包括曾经迫害他的人。他用自己仁慈的心容载了整个世界。

二、义

君子义以为上。

——《论语》

义之所在，不倾于权，不顾其利，举国而与之不为改视，重死持义而不桡，是士君子之勇也。

——《荀子》

孔子最早提出了"义"。《论语》："君子之于天下也，无适也，无莫也，义之与比"、"君子义以为上"。

义，指公正、合理而义不容辞的一种道德准则。管子说："四维不张，国乃灭亡。"何谓四维？即是礼、义、廉、耻。

儒家把"义"与"仁"、"礼"、"智"、"信"合在一起，称为"五常"。其中的"仁义"成为封建道德的核心。

孔子说："君子喻于义，小人喻于利。"

孟子则进一步阐综了"义"。他认为"信"和"果"都必须以"义"为纲。《孟子·离娄鞠下》说："大人者，言不必信，行不必果，惟义所在。"

1. 巴蔓子传奇

巴蔓子出生在古代巴国，今忠县临江城人，为巴国大将军，辅佐国王治理国家。

公元前4世纪，巴国由于多年对外战争，国力渐渐走向衰落。一些贵族趁机向巴王室施压，以图索取政治经济利益，于是便在巴国朐忍（今万州一带）阴谋发动了武装叛乱。驻守在巴国东部边境的巴蔓子将军决定带兵回国都平乱。由于他手中的兵力薄弱，不足以战胜嚣张狂热的贵族武装，加之当时的国君已受到叛乱势力胁迫。形势紧迫，巴蔓子决定向东邻楚国借兵。

他历尽千辛万苦，终于到达了楚国。去拜见楚王，请求出兵平息叛乱。

巴国和楚国在历史上长期以来战争不断，也哥们不断。既是敌国，也是盟国。前些年有盟约在先，一国有难需相互援助。巴蔓子的借兵请求是顺理成章的。可楚王心里却没有这么想。既然你巴国国王都被挟持了，看来内乱深重，何不隔岸观火坐收渔翁之利呢？即使要借兵，也得营造点价码吧？于是便故意推辞，找借口不愿出兵。巴蔓子说："大王，国破家亡，可巴人赤心未亡呀！只要你大王能顺手出一把力，叛乱即可平息。倘若你见事不救，一旦巴国破败之时，这伙狂妄残暴者当权之时，也便是贵国不安之日！"

楚王深谙巴蔓子的人格气场，也深知一旦与邻国撕下脸皮也没有好结果。于是对巴蔓子说："这样吧，如果你答应事成之后送我三座城池，我就马上出兵。"楚王想，派兵出战就当远足练兵，又不兵戈相见便得了城池，何乐而不为呢？

然而对于巴蔓子来说，这却是一件两难的大事。要把国土割让给别人，比割让自己心肝还疼；可要是不答应，国家安危又迫在眉睫。

巴蔓子沉吟了半晌，于是含糊其词说道："只要楚王出兵平息了叛乱，这些事情到时候都好商量。"

"谁给你商量？这可不是戏言。还是把你的儿子送来当人质吧。"楚王严肃地说。

"我巴蔓子平生从无戏言。若事成之后你得不到三座城池，我把头颅给你！"巴蔓子斩钉截铁回答道。

话已到这个份上楚王也就认了，即刻派出了兵马，由巴蔓子领军急赴巴国。

在巴蔓子的英勇指挥及楚国援军配合下，很快便打败了叛军，巴国又恢复了往日的安宁。内乱平定以后，楚国的兵马刚刚回国，楚王就派人来讨三座城池了。

巴蔓子心里像油煎火熬，但他表面不露声色，准备了好酒好宴侍候楚国来使。巴蔓子说："楚国这次帮了巴国大忙，我们子子孙孙都不会忘记这份情义。"

楚国的使者说："记得情义就好，请眼下就把三座城池交割给我楚国吧！"

巴蔓子说："国土为国之根本，民之根本，我无权将它送人。眼下你们帮了我们一把，往后若贵国有难，我们也会倾力而助，得人滴水之恩须当涌泉而报。这难道不比三座城池更好些吗？"

楚国使臣急了："割让三座城池可是将军当时亲口许下的诺言呀！"

巴蔓子心知肚明：若践约割让城池则失忠诚之责；毁约则失君子之信。忠信难以两全呀。于是恳切地对使者说道："我们愿以全城的金银珠宝奉送楚王，以答谢出兵救巴之恩，恳请保留我临江三城！"

楚使不敢做主，于是报告了楚王。楚王勃然大怒："君子一言，驷马难追。割让三城，决不能改！若据城不让，即发大兵征讨，休怪我楚国无情！"

巴蔓子得知楚王的强硬态度，陷入痛苦之中，他不忍国家割让城池，同时又不愿失信于人。最后，他对楚使说道："我曾许愿楚王，得不到三城我把头颅给他。请把我的头带回去答谢楚王吧！"说完抽出宝剑，"呼"的一下，头颅落地，一腔热血喷出！

楚国使臣叫人做了个紫檀木盒子，装上巴蔓子的头颅怏怏回国而去。

楚王听了事情的经过，深受震撼：一则放弃了攻打巴国。巴人举国哀恸，人心归一，正同仇敌忾难以打败。二则盛赞巴蔓子的大忠大义，并感叹道："巴蔓子真不愧天下第一忠臣，假若我能得到像他那样的忠臣良将，称霸天下，还有何难？！"于是厚葬巴蔓子的头颅于楚国荆门上南面，让他日日夜夜望着自己的国土。

此消息传到了巴国，举国震动，君臣百姓，众口赞颂。巴王下令厚葬巴蔓子外，还将他的遗体从临江迁葬都城江州七星岗（现重庆市渝中区七星岗莲花池）。

清朝乾隆年间巴县知县王尔鉴在《巴蔓子墓》一文中写道：头断头不断，万古须眉宛然见；城许城还存，年年春草青墓门。

道理有小道理大道理，名誉分个人名誉国家名誉。当个人的信誉危及到国家荣誉的时候，应当毫不犹豫地牺牲前者保护后者。巴蔓子这样做了，由此付出了惨烈的代价。作为个人来说，失去了诚信就如同失去立身之本，选择用舍生取义来表达自己对失信的歉疚，巴蔓子可谓君子！

2. 廉颇与蔺相如

秦昭襄王一心要使赵国屈服，接连侵入赵国边境，占了一些地方。公元前279年，他又耍了个花招，请赵惠文王到秦地渑池（今河南渑池县西，渑音 miǎn）去会见。赵惠文王开始怕被秦国扣留，不敢去。大将廉颇和蔺相如都认为如果不去，反倒向秦国示弱。

赵惠文王决定硬着头皮去冒一趟险。他叫蔺相如随同他一块儿去，让廉颇留在本国辅助太子留守。

为了防备意外，赵惠文王又派大将李牧带兵五千人护送，相国平原君带兵几万人，在边境接应。

到了预定会见的日期，秦王和赵王在渑池相会，并且举行了宴会，高兴地喝酒谈天。

秦昭襄王喝了几盅酒，带着醉意对赵惠文王说："听说赵王弹得一手好瑟。请赵王弹个曲儿，给大伙儿凑个热闹。"说罢，真的吩咐左右把瑟拿上来。"

赵惠文王不好推辞，只好勉强弹一个曲儿。

秦国的史官当场就把这事记了下来，并且念道："某年某月某日，秦王和赵王在渑池相会，秦王令赵王弹瑟。"

赵惠文王气得脸都发紫了。正在这时候，蔺相如拿了一个缶（音 fǒu，一种瓦器，可以打击配乐），突然跪到秦昭襄王跟前，说："赵王听说秦王挺会秦国的乐器。我这里有个瓦盆，也请大王赏脸敲几下助兴吧。"

秦昭襄王勃然变色，不去理他。

蔺相如的眼睛射出愤怒的光，说："大王未免太欺负人了。秦国的兵力虽然强大，可是在这五步之内，我可以把我的血溅到大王身上去！"

秦昭襄王见蔺相如这股势头，十分吃惊，只好拿起击棒在缶上胡乱敲了几下。

蔺相如回过头来叫赵国的史官也把这件事记下来，说："某年某月某日，赵王和秦王在渑池相会，秦王给赵王击缶。"

秦国的大臣见蔺相如竟敢这样伤秦王的体面，很不服气。

有人站起来说："请赵王割让十五座城给秦王上寿。"

蔺相如也站起来说："请秦王把咸阳城割让给赵国，为赵王上寿。"

秦昭襄王眼看这个局面十分紧张。他事先已探知赵国派大军驻扎在临近地方，真的动起武来，恐怕也得不到便宜，就喝住秦国大臣，说："今天是两国君王欢会的日子，诸位不必多说。"

这样，两国渑池之会总算圆满而散。

蔺相如两次出使，保全赵国不受屈辱，立了大功。赵惠文王十分信任蔺相如，拜他为上卿，地位在大将廉颇之上。

廉颇很不服气，私下对自己的门客说："我是赵国大将，立了多少汗马功劳。蔺相如有什么了不起？倒爬到我头上来了。哼！我见到蔺相如，总要给他点颜色看看。"

这句话传到蔺相如耳朵里，蔺相如就装病不去上朝。

有一天，蔺相如带着门客坐车出门，真是冤家路窄，老远就瞧见

131

廉颇的车马迎面而来。他叫赶车的退到小巷里去躲一躲，让廉颇的车马先过去。

这件事可把蔺相如手下的门客气坏了，他们责怪蔺相如不该这样胆小怕事。

蔺相如对他们说："你们看廉将军跟秦王比，哪一个势力大？"

他们说："当然是秦王势力大。"

蔺相如说："对呀！天下的诸侯都怕秦王。为了保卫赵国，我就敢当面责备他。怎么我见了廉将军反倒怕了呢。因为我想过，强大的秦国不敢来侵犯赵国，就因为有我和廉将军两人在。要是我们两人不和，秦国知道了，就会趁机来侵犯赵国。就为了这个，我宁愿容让点儿。"

有人把这件事传给廉颇听，廉颇感到十分惭愧。他就赤裸着上身，背着荆条，跑到蔺相如的家里去请罪。他见了蔺相如说："我是个粗鲁人，见识少，气量窄。哪儿知道您竟这么容让我，我实在没脸来见您。请您责打我吧。"

蔺相如连忙扶起廉颇，说："咱们两个人都是赵国的大臣。将军能体谅我，我已经万分感激了，怎么还来给我赔礼呢。"

两个人都激动得流了眼泪。打这以后，两人就做了知心朋友。

蔺相如深明大义才成就了赵国的强大，蔺相如不愧为君子！

3. 华盛顿的辞职之举

1783年12月23日，对于硝烟刚刚散尽的美国来说，是一个无比重要的日子。因为这一天，大陆会议将在安纳波利斯举行一个隆重而朴素的仪式，美国独立战争之父、大陆军总司令乔治·华盛顿将军将在这里交出委任状，并辞去他的所有公职。

之所以称这为一个仪式，是因为实际上在此之前，他已经遣散了他的部属，并发表了动人的告别演说。他说："你们在部队中曾是不屈不挠和百战百胜的战士；在社会上，也将不愧为道德高尚和有用的公民……在抱有这样一些愿望和得到这些恩惠的情况下，你们的总司令就要退役了。分离的帷幕不久就要拉下，他将永远退出历史舞台。"

两天后，华盛顿乘船离开纽约港。一条驳船等在白厅渡，准备让他渡过哈德孙河到保罗斯岬。军队的主要将官聚集在这个渡口附近的一家旅馆向他作最后饯别。这是他们与自己生死与共的司令官最后一次聚集了，因而心情格外激动。据记载，华盛顿也很快就和大家一样为分离的悲伤打动，他们热泪盈眶，无数次地拥抱、干杯，然后，华盛顿就走了。

他已把他的军中行李托运回故乡，但他知道，在他正式解甲归田、返回弗农山庄之前，他还有一件顶顶重要的事要办。那就是，把他在八年前由第二届大陆会议授予他的总司令之职，交还给当时象征着人民权力的大陆会议。

交还的仪式是由他的同乡，弗吉尼亚人托马斯·杰斐逊专程从巴黎赶回来设计的。当时他正代表新生的美国和英国在巴黎签订独立条约。一俟签字仪式结束，他就匆匆赶回纽约，亲自设计了这个伟大而庄严的仪式。

在杰斐逊的想象里，这个仪式是这样举行的：华盛顿将军走进"国会大厦"（当时的大陆会议厅），在议员的对面他获得了一个座位。然后由议长作出介绍，华盛顿则要站起来，以鞠躬礼向议员们表示尊敬，而议员则不必鞠躬，只需手触帽檐还礼即可。最后，华盛顿以简短讲话"交权"，议长也以简短讲话表示接受。

结果，整个仪式不折不扣地是依照杰斐逊的设计完成的。

华盛顿的最后讲话十分简约，一如他平时的朴实谦逊。他说："现在，我已经完成了赋予我的使命，我将退出这个伟大的舞台，并且向庄严的国会告别。在它的命令之下，我奋战已久。我谨在此交出受任的权力并辞去我所有的公职。"议长则答道："你在这块新的土地上捍卫了自由的理念，为受伤害和被压迫的人们树立了典范。你将带着同胞们的祝福退出这个伟大的舞台。但是，你的道德力量并没有随着你的军职一齐消失，它将激励子孙后代。"

据史书记载，整个仪式十分简短，前后只有几分钟，但正是这个几分钟的仪式，却使在场的每一个人都感动不已。当华盛顿将军，这个为了赢得战争不仅变卖了家产，而且因操劳过度生出满头白发、眼睛也几乎看不见了的总司令发表讲话时，每个人的眼里都蓄满泪水。

这是美国历史上著名的不依靠外在压力，仅仅依靠内心的道德力量就自觉放弃了在为公众服务过程中聚集起来的权力之事例。在它之前，人类历史上曾经出现过形形色色的逊位、下野、惧怕各种祸乱而

"功成身退"的范例，也出现过无数以杀戮、屠城为代价而权倾四海的英雄豪杰，但有了这几分钟，那些古往今来大大小小为了争权夺利不惜弑父杀子，一朝手握权柄就以百姓为刍狗的"英雄故事"都纷纷黯淡了……

第二天上午，华盛顿就离开了安纳波利斯，回到了弗农山庄，在自己的葡萄架和无花果树下过起了一种心满意足的乡绅生活。

从那以后，人类历史上又举行过多少雄才霸主的加冕仪式？恐怕谁也说不清。但我相信用不了多少年，所有这些仪式，包括大大小小的宣誓、效忠、集会、游行、磕头礼拜、言不由衷地举拳头、山呼万岁，都将湮没无闻，唯有这个仪式会永垂不朽。它将会和苏格拉底的慨然饮鸩、布鲁诺的身赴火刑、巴黎人攻占巴士底狱一样，永远口碑于人间。

4. 悔恨终生的愧疚

凯文·卡特是一位杰出的南非新闻摄影家。

1993年，为拍摄遍地饿殍的苏丹叛乱活动，凯文·卡特赶到北部边境。在伊阿德村旁一片灌木丛边，他听到一声微弱的哭泣，于是停下脚步，屏住呼吸，侧耳倾听。这时，凯文·卡特发现一个瘦得皮包骨头的苏丹小女孩在前往食物救济中心的路上再也走不动了，趴倒在地上。而就在不远处，蹲着一只硕大的秃鹰，正贪婪地盯着地上那个黑乎乎、奄奄一息的瘦小生命，等待着即将到口的"美餐"。凯文·卡特抢拍下了这一镜头。拍照后，他将秃鹫赶走，目送小女孩远去。

1993年3月26日，美国《纽约时报》首家刊登了凯文·卡特的这幅照片——《饥饿的小女孩》。这张照片还获得1994年普利策新闻摄影奖。但是在获奖3个月后，凯文·卡特自杀了。人们在他的遗体旁找到了一张纸条："真的，真的对不起大家，生活的痛苦远远超过了欢乐的程度。"这一年,凯文·卡特33岁。

饥饿的小女孩

原来那张照片传遍世界后,人们在寄予非洲人民巨大同情的同时,更加关注那个小女孩的命运。成千上万的人打电话给《纽约时报》,询问小女孩最后是否得救。而与此同时,来自各方的批评也不绝于耳。甚至是在凯文·卡特获得大奖之后,人们纷纷质问,身在现场的凯文·卡特为什么不去救那个小女孩一把?!就连凯文·卡特的朋友也指责说,他当时应当放下摄影机去帮助小女孩。

事实上,凯文·卡特从一开始便处于矛盾冲突和痛苦之中。他非常失望,非常愧疚,愧疚他当时只顾了摄影而没有救助那个贫弱的小女孩,愧疚他的艺术荣誉,不是来自对苦难的抵御,而是来自对苦难的欣赏。在领奖台上,当他接过金杯时,突然想起了那个小女孩,一刹那间,他仿佛听到全世界都在责问他,那个小女孩呢,难道她只是为了让你拍一张照片吗?卡特深深自责:"我没有抱起那个小女孩,我感到十分、十分后悔。"作为一名记者,凯文·卡特捕捉苦难,身临现场,屡屡出入生死之境,遭受无数精神上的冲击和折磨。他心存道义,视他人苦痛为自己的苦痛。但是,凯文·卡特无法原谅自己。他因为自己没能进一步帮助那个小女孩而陷于一种空前的精神煎熬和自我道德良心的谴责之中。再加上舆论的批评和谴责,他自杀了。

孔子说:"朝闻道,夕死可矣。"凯文·卡特对艺术的追求忽略了仁爱之道。一旦他清醒过来，道从心生，便追悔莫及。或许选择解脱是他精神升华，走向生命涅槃的最佳归宿。我们为他的生命惋惜，却为他"舍身成仁"含泪致敬。

三、礼

君子义以为质，礼以行之，孙以出之，信以成之。

——《论语》

道德仁义，非礼不成，教训正俗，非礼不备。分争辩讼，非礼不决。

——《曲礼》

礼，在中国古代是社会的典章制度和道德规范，它是社会政治制度的体现，是维护上层建筑以及与之相适应的人与人交往中的礼节仪式。

在孔子以前已有夏礼、殷礼、周礼。夏、殷、周三代之礼，因革相沿，到周公时代的周礼，已比较完善。作为观念形态的礼，在孔子的思想体系中是同"仁"分不开的。孔子说："人而不仁，如礼何？"他主张"道之以德，齐之以礼"的德治，打破了"礼不下庶人"的限制。孟子把仁、义、礼、智作为基本的道德规范，礼为"辞让之心"，成为人的德行之一。荀子比孟子更为重视礼，他著有《礼论》，论证了"礼"的起源和社会作用。他认为礼使社会上每个人在贵贱、长幼、贫富等等级制中都有恰当的地位。

《论语》中有75处记载孔子论礼。礼与仁、义是儒家学说的核心。

礼的"尊重"原则：要求在各种类型的人际交往活动中，以相互尊重为前提，要尊重对方，不损害对方利益，同时又要保持自尊。

礼的"遵守"原则：遵守社会公德、遵时守信、真诚友善、谦虚随和。

礼的"适度"原则：强调人与人之间的交流与沟通一定要把握适度性，不同场合、不同对象，应始终不卑不亢，落落大方，把握分寸。

礼的"自律"原则：交流双方在要求对方尊重自己之前，首先应当检查自己的行为是否符合礼仪规范要求。

1. 周公吐哺

周武王攻下朝歌、灭掉商朝以后，为了稳定大局，采取了怀柔措施：他没有杀死纣王的儿子武庚，而是封他为殷侯，仍旧让他管理殷都朝歌的政务。与此同时，武王又派自己的三个亲兄弟姬鲜、姬度和姬处在殷都周围建立封国以监视武庚。

但是武王的这个措施只在表面上稳定了局面，实际上，商朝奴隶主贵族的势力仍旧在蠢蠢欲动，想伺机反扑。而更加重要的是，几百年的商朝统治在百姓中根深蒂固，总觉得他是正统。果然，不久便传来了那两个曾出面阻止武王伐纣的迂老头伯夷和叔齐在首阳山上饿死的消息。饿死两个迂老头，本没什么大不了的，但是民间却传得沸沸扬扬，说这两人是为了抗议武王的违逆行为而发誓不食周粟，因而逃到首阳山上靠挖野菜充饥，到了冬天才活活饿死的。百姓的人心还没有完全归向周朝。

听到这个消息以后，武王食不甘味、夜不能眠。他将最亲近的大臣周公旦等召集来商量计策。太公望主张向各地派驻军队，召公奭主张要施仁政。最后周公旦提出了一个办法，将在朝歌附近设立监国的做法扩大开来，由武王分封周王室的亲属和在灭商作战中的可靠功臣到各地去建立诸侯国。诸侯国的政务和军事由诸侯自己管理，但他们都必须服从天子的号令，并且定期向天子纳贡。武王采纳了周公的建议，于是就进行了大规模的分封。从武王到以后的成王，总共大约分封了七十多个诸侯国。这种大规模分封和建立诸侯国的做法，历史上便称为"封建"。

武王尚未完全完成封建诸侯国的事情，便病故了。实际上，西周建国后，他只统治了两年。按照武王的临终嘱托，由他十三岁的儿子姬诵继承天子之位，并由周公旦辅政，即代理执政。

周公辅政后，为了稳定局面，使已封建的诸侯国的统治有章可循，并协调好他们与周天子之间的关系，他采取了一系列的行政措施。首先，他废除了从夏商一直遗留下来的王位继承制度：由兄及弟，再传儿子的办法，改成了直接传位给嫡长子的制度，其他的儿子只能分封诸侯。这个制度免去了王室内部许多争权夺利的悲剧发生，十分有利于巩固政权。其次，周公又划定了皇室奴隶主贵族的等级与特权，将他们分成天子、诸侯、卿、大夫、士五个等级层次，并对他们各自的服饰以及祭祀、会盟、宴饮、朝贡、婚嫁、殡葬时的仪式，都作了规定。后人就将这些称为"周礼"。

这些尊卑有序的周礼，是针对奴隶主贵族的，而对于广大的老百姓（庶民），周公则又制定了很严酷详细的刑律，据说有三千条。

周公为了巩固周王朝的奴隶主贵族统治，真是呕心沥血，兢兢业业。传说他常常在吃饭时听到有人来报告事情，就连忙将口中的饭吐出来，立刻与人交谈；在洗头时遇到临时有事情要处理，便用手握着湿淋淋的头发就办起公来。这就是后来"周公吐哺"成语的来历。

  但是周公的做法也招来了一些王室人员的疑忌。首先是他的哥哥管叔就对他很不满。因为管叔是文王的三儿子，武王是老二，周公是老四，如果按过去的继承法，本可由他继承王位，而周公颁布的新继承法则完全破灭了他的希望。再说武王不让他这个老三、而是委托给了老四当辅政大臣，他心中不服；再加上周公事无巨细，几乎将什么权都握在自己手里，管叔将心比心，认为他一定是欺成王年幼，想将来取而代之。于是，他便联络了两个小兄弟蔡叔和霍叔，一面在朝中散布周公独揽大权，马上要发动政变夺取王位的谣言，一面又和武庚勾结起来，怂恿他起兵反叛，想以此逼周公下台。

  谣言使太公望和召公奭都有点相信了。他们突然都提出要离开镐京到自己的封地去。就连刚满十五岁的成王也半信半疑，急得六神无主了。周公为了制止谣言，稳定大局，一面立刻为成王举行了"冠礼"仪式，表示马上可以让他亲政了；一面用非常恳切的态度将手中的行政权托付给了太公和召公，自己离开了镐京。临走时，还写了一首名叫《鸱鸮》的诗送给了成王。诗中，周公将成王比作可爱的小鸟，将自己比作护巢哺幼的老鸟，而将武庚比作凶恶的鸱。

  周公出走后，果然武庚和东夷的一些部落来往密切，蠢蠢欲动了。而作为三个监国的管叔等，却无动于衷。成王得到讯息，这才打消了对周公的怀疑，赶忙与太公、召公商议，将周公紧急召回，以应付眼前危险的局势。

  再说周公出走后，其实他并没有消极，而是在暗中已充分掌握了管叔煽动武庚组织叛乱的证据。应召回到镐京后，他便立刻带兵东征。他自己亲自率军讨伐武庚，而让太公率军阻断东夷中的淮夷、徐戎等部落的军队对武庚的支援。于是，周公集中军力，攻下了殷都，杀死了武庚，接着又将制造谣言、煽动叛乱的管叔斩首，将蔡叔流放，将霍叔贬为平民。

  周公东征胜利后，又在镐京西边的洛邑建了一座都城，名叫成周。与此同时，周公又下令将那些跟随武庚闹叛乱的商朝奴隶主贵族集中到洛邑居住，派军队监管他们，并将他们称为"顽民"。

周公为年幼的成王辅政七年，终于建立起了一个统一繁荣的周王朝。在周成王二十岁时，周公就将权力全部移交给了他。

周公的一切行为都建立在"礼"的准则之上，"以礼行之"。所以，周公是历史上家喻户晓的"礼"的典范。

2. 一个牧羊孩的奇遇

很久以前，在德国某地的郊外，有一个名叫汉斯的贫穷牧羊男孩儿。一天，汉斯正在广阔的牧场上放羊，远方一群猎人装束的人骑马迎面向他走来。

一个戴着帽冠的领头猎人俯下身，向小汉斯问路："孩子，最近的村落离这里有多远？"

"大约6英里的距离，"汉斯回答，"但是前方的路很窄，是羊肠小道，骑马很容易打滑。"

猎人的表情看起来有些为难，他对汉斯说道："孩子，我在此处迷路了，我现在又累又饿。你能放下羊群为我领路吗？我会付报酬给你的。"

如果是别的男孩儿也许会一口答应，可汉斯想了想，却说："可是先生，我不能丢下我的羊群。要是我把它们留在这里而自己却离开了，它们准会被狼吃掉或者被人顺手牵走的。"

"这群羊不是你家的吧？这么大一群羊，丢一两只对你家主人而言也不是什么大事。你看这样如何，我会付给你超过你一年薪水的酬

劳。我只想你为我带个路。"

汉斯低着头，似乎有些犹豫。"先生，我不能这么做。"尽管汉斯感到为难，可他还是作出坚定的回答，"我的主人付给我钱，雇我为他看守羊群，我不能私自离开。而且，如果因为我的擅离职守而真的丢失了羊，那我可就是罪加一等了。"

猎人似乎没有退步的意思，他说："那这样吧，我在此处为你看守羊群，你帮我到最近的小镇上买点吃的给我填肚子，再顺路带一个向导来。我会在这里帮你看好羊的。"

这个主意似乎听起来不错，可男孩儿还是摇摇头。"可羊群不认识你的声音，并且……"

"并且什么？孩子，你不相信我吗？我看起来像偷羊的人吗？"

"不不不，但是，您这样太为难我了，您是想让我失信于我的主人吗？如果您真的希望我失守承诺，那我又该如何相信您所说的句句属实，不是坏人呢？"

一时间，猎人震住了。可是他没有生气，而是笑了。"孩子，你说得很对啊。"他说，"你的主人真是幸运，有你这样一个值得信任的仆人。我多希望也有这样诚实的仆人啊！好吧，你之前说的那条羊肠小道在哪里呢？我只好自己寻着路前行了。"

听他说到这里，身后的几位猎人都纷纷下马上前来。"殿下，前方路不好走，您一定要倍加小心啊！"

到这时，小汉斯才知道，他跟前的这位问路人不是别人，正是本国的王子殿下。小汉斯又惊又慌，生怕王子殿下发怒怪罪。可王子却露出了微笑，还在众人面前夸奖了忠于职守而又十分理性的小汉斯。

没过几天，王子殿下就派人召见小汉斯去他的宫殿。

"我的孩子，"王子殿下对小汉斯说，"你是一个能让我信任的人。我想要你进宫来侍奉于我，我定将厚待于你。"

小汉斯成了王子的贴身仆人，他辛勤地工作，虽算不上飞黄腾达、荣华富贵，可他从此过上了衣食无缺的生活。他活得快乐知足，并且始终有着一颗感激的心。

忠于职守是"礼"的行为之一。汉斯用自己的行为作出了榜样。

3. 罗斯恰尔斯的酒吧

罗斯恰尔斯是一位犹太人，在耶路撒冷开了一家名为"芬克斯"的酒吧，酒吧的面积不大，只有30平方米。

有一天，他接到一个电话，那人用十分委婉的口气和他商量："我有十个随从，他们将和我一起前往你的酒吧，你能谢绝其他顾客吗？"罗斯恰尔斯毫不犹豫地说："你们可以来，但要谢绝其他顾客，这不可能。"打电话的不是别人，是当时的美国国务卿基辛格博士。他是在出访中东的行程即将结束时，在别人的推荐下，才愿意到"芬克斯"酒吧的。基辛格最后坦言告诉他："我是出访中东的美国国务卿。"罗斯恰尔斯还是不买账，礼貌地对他说："先生，你能莅临本店，我深感荣幸，但是，因你的缘故而将其他人拒之门外，我是无论如何也办不到的。"基辛格博士听后，摔了手中电话。

第二天傍晚，罗斯恰尔斯又接到了基辛格的电话，基辛格对他昨天的失礼表示道歉，说这次只带三个人，只订一桌，并且不必谢绝其他客人。罗斯恰尔斯说："非常感谢您，但是我还是无法满足您的要求。"基辛格很意外，问："为什么？""对不起，先生，明天是星期六，本店例休。""可是后天我就回美国了，你能否破例一次呢？"罗斯恰尔斯很诚恳地说："不行，我是犹太人，你该知道，礼拜六是个神圣的日子，如果经营，那是对神的玷污。"基辛格无言以对，他终于没能在中东享受这家小酒吧的服务。

公正和祭祀是"礼"的原则。罗斯恰尔斯不媚名人、不唯盈利，坚守住了自己的职业道德。

4. 留给凶手的悼念碑

1991年11月1日，美国爱荷华大学副校长安妮·克黎利和三名教授被一名刚获得爱荷华大学太空物理博士学位的中国留学生卢刚枪杀了。

然而，在枪击事件发生后的第三天，受害人之一、副校长安妮·克黎利女士的家人就通过媒体发表了一封给卢刚家人的公开信。公开信说：

卢刚的家人：

我们经历了突发的剧痛，我们在姐姐一生中最光辉的时候失去了她。我们深以姐姐为荣，她有很大的影响力，受到每一个接触她的人的尊敬和热爱——她的家庭、邻居，她遍

及各国学术界的同事、学生和亲属。我们一家从很远的地方来到这里，不但和姐姐的许多朋友一同承担悲痛，也一起分享姐姐在世时所留下的美好回忆。

当我们在悲伤和回忆中相聚一起的时候，也想到了你们一家人，并为你们祈祷。因为这个周末你们肯定是十分悲痛和震惊的。

安最相信爱和宽恕。我们在你们悲痛时写这封信，为的是要分担你们的悲伤，也盼你们和我们一起祈祷彼此相爱。在这痛苦的时候，安是会希望我们大家的心都充满同情、宽容和爱的。我们知道，在此时比我们更感悲痛的，只有你们一家。请你们理解，我们愿和你们共同承受这悲伤。这样，我们就能一起从中得到安慰和支持。安也会这样希望的。

      诚挚的安妮·克黎利博士的兄弟们：
       弗兰克／麦克／保罗·克黎利

我们再来看，在2007年4月16日弗吉尼亚理工大学也发生了一起枪击案，堪称美国历史上最严重的校园枪击案。枪击造成33人死亡，枪手本人开枪饮弹自尽，枪击案凶手为23岁的韩籍青年赵承熙。但是在弗吉尼亚理工大学操场举行的遇难者悼念仪式上，33块纪念遇难者的悼念碑中却一样有凶手赵承熙的悼念碑。它的上边同样放着玫瑰、百合、康乃馨等鲜花和紫色蜡烛。

在赵承熙的悼念碑上，和其他悼念碑一样，在这些鲜花中放着一张张便笺。上面写着：

"希望你知道我并没有太生你的气，不憎恨你。你没有得到任何帮助和安慰，对此我感到非常心痛。所有的爱都包含在这里。"（劳拉）

"你没能得到必要的帮助，知道这个事实的时候，感到非常悲哀。希望你家人能尽快得到安慰并恢复平静。上帝的恩宠……"（巴贝拉）

"今后如果看到像你一样的孩子，我会对他伸出双手，给予他勇气和力量，把他的人生变得更好。"（大卫）

在4月20日中午举行的遇难者悼念仪式上，敲响了33声丧钟，其中包括32名遇难者和凶手赵承熙。放飞到空中的气球也是33个。一直看到这些气球消失后，学生们互相抱在一起放声大哭。

学生们制作的网络报纸上也陆续登载了安慰凶手赵承熙家人的文章。

饶恕、悲悯是"仁"；辞让、宽谅是"礼"。被卢刚和赵承熙所杀害的死难者的家属们如此的宽大为怀，不得不让世人惊叹和震撼！这种心灵境界，已远远超越我们生活中的一般大众情怀，永远是我们精神追求的仰止高山。

四、智

知者不惑，仁者不忧，勇者不惧。

——《论语》

所以知之在人者谓之知。知有所合谓之智。

——《荀子》

在儒家的道德规范体系中，"智"是最基本最重要的德目之一，也是儒家理想人格的重要品质之一，被视为"三达德"、"四德"及"五常"之一。

首先把"智"视为道德规范、道德品质或道德情操来使用的，是思想家孔子。他把"智"与"仁"、"勇"两个道德规范并举，定位为君子之道，即所谓："知者不惑，仁者不忧，勇者不惧。"

在儒家思想史上，孟子第一次以"仁、义、礼、智"四德并提。他从行为的节制和形式的修饰、道德的认知与意志的保障等意义上，确立了礼与智在道德体系中不可或缺的位置。最终，仁义礼智四位一体，相依互补，构成一完整的范畴系统，构建为人道的全部蕴涵。

到了汉代，儒家"五常"（仁义礼智信）确立，"智"位列其中。

1. 冯谖客孟尝君

齐国有个名叫冯谖的人，生活贫困，他让人转告孟尝君，想到孟尝君门下去做食客。

孟尝君问："冯谖有何爱好？"回答说："没什么爱好。"又问："他有何才干？"回答说："没什么才能。"孟尝君笑了笑，说道："好吧。"于是收留了冯谖。

因为孟尝君看不起冯谖，他的手下人就只给粗茶淡饭与冯谖吃。没过多久，冯谖靠着柱子，用手指弹着他的佩剑唱道："长铗啊，咱们还是回去吧，这儿没有鱼吃啊！"

手下人把这事告诉了孟尝君。孟尝君说："就照一般食客那样给他吃吧。"

又过了没多久，冯谖又靠着柱子，弹着剑唱道："长铗啊，咱们还是回去吧，这儿出门连车都没有！"左右的人都笑他，又把这话告诉了孟尝君。孟尝君说:"照别的门客那样给他备车吧。"

于是冯谖坐着车子,举起宝剑去拜访他的朋友,并且对人说:"孟尝君把我当客人一样啊!"后来又过了些时日,冯谖又弹起他的剑唱道:"长铗啊,咱们还是回去吧,在这儿无法养家。"左右的人都很讨厌他,认为此人贪心不足。孟尝君知道后就问:"冯先生有亲属吗?"回答说:"有位老母。"孟尝君就派人供给冯谖母亲的吃用。这样,冯谖就不再弹剑而歌了。

后来,孟尝君家里发生了一件事。他拿出记事本来询问门客:"谁熟习会计方面的事?"

冯谖在本上署了自己的名,并签上一个"能"字。

孟尝君见了名字感到很惊奇,问:"这人是谁呀?"左右的人说:"就是唱那'长铗归来'的人。"孟尝君笑道:"这位客人果真有才能,我亏待了他,还没见过面呢!"他立即派人请冯谖来相见,当面赔礼道:"我被琐事搞得精疲力竭,加之我整天埋在国家大事之中,以致怠慢了您,而您却并不见怪,倒愿意往薛地去为我收债,是吗?"冯谖回答道:"愿意去。"

于是冯谖便套好车马,整治行装,载上契约票据动身了。辞行的时候冯谖问:"债收完了,买什么回来?"孟尝君说:"您就看我家里缺什么吧。"

冯谖赶着车到薛邑,派官吏把该还债务的百姓找来核验契据。核验完毕后,他假托孟尝君的命令,把所有的债款赏赐给欠债人,并当场把债券烧掉。百姓都高呼:"万岁!"

冯谖赶着车,马不停蹄,直奔齐都,清晨就求见孟尝君。孟尝君见他回来得如此迅速,感到很奇怪,立即穿好衣、戴好帽去见他,问道:"债都收完了吗?怎么回得这么快?"

冯谖说:"都收了。"

"买什么回来了?"孟尝君又问。

冯谖回答道:"您曾说'看我家里缺什么',我私下考虑您宫中积满珍珠宝贝,外面马房多的是猎狗、骏马,后庭多的是美女,您家里所缺的只不过是'仁义'罢了,所以我用债款为您买了'仁义'。"

孟尝君道："买仁义是怎么回事？"

冯谖道："现在您不过有块小小的薛地，如果不抚爱百姓，视民如子，而用商贾之道向人民图利，这怎行呢？因此我擅自假造您的命令，把债款赏赐给百姓，顺便烧掉了契据，以至百姓欢呼'万岁'，这就是我用来为您买义的方式啊。"

孟尝君听后很不快地说："嗯，先生，算了吧。"

过了一年，孟尝君被齐王冷落了。齐王对孟尝君说："我可不能把先王的臣子当作我的臣子。你就自谋发展吧。"

孟尝君无奈，只好到他的领地薛邑去避难。还差百里未到，薛地的人民扶老携幼，都在路旁迎接孟尝君到来。孟尝君见此情景，回头看着冯谖道："您为我买的'义'，今天真见到作用了。"

冯谖说："狡猾机灵的兔子有三个洞才能免遭死患，现在您只有一个洞，还不能高枕无忧，请让我再去为您挖两个洞吧。"

孟尝君应允了，就给了五十辆车子，五百斤黄金。冯谖往西到了魏国，他对惠王说："现在齐国把他的大臣孟尝君放逐到领地去。哪位诸侯如能先招用他，就可使自己国家富庶强盛。"于是惠王把相位空了出来，把原来的相国调为上将军，并派使者带着千斤黄金，百辆高车去聘请孟尝君。冯谖先赶回去了，告诫孟尝君说："黄金千斤，这是很重的聘礼了；百辆车子，这算显贵的使臣了。不过您还得再等待一下。观察一下齐国君臣方面的动向。"

魏国的使臣往返了三次，孟尝君都推辞而不成行。

齐王听到魏国迎接孟尝君的消息，君臣上下十分惊恐。于是连忙派太傅拿着千斤黄金，驾着两辆四匹马拉的绘有文采的高车，带上一把佩剑，并向孟尝君致书谢罪说："由于我不好，遭到祖宗降下的灾祸，又被身边阿谀逢迎的臣下包围，所以得罪了您。我是不值得您帮助的，但希望您顾念齐国先王的宗庙，暂且回国都来治理国事吧。"

冯谖又告诫孟尝君道："希望您向齐王请求先王传下来的祭器，在薛地建立宗庙。"

齐王果然照办。

宗庙建成后，冯谖回报孟尝君："现在三个洞已经营造好，您可以高枕无忧了。"

孟尝君在齐国当了几十年相国，没有遭到丝毫祸患，这都是冯谖计谋的结果。

冯谖不仅有仁义之心，也有智慧之术；不仅让薛地的百姓能平安生活，也为救济他于危难的孟尝君成就了一方事业。冯谖可谓君子之典范。

2. 晏子使楚

晏子出使楚国。楚国人想侮辱他——因为他身材矮小，楚国人就在城门旁边特意开了一个小门，请晏子从小门中进去。

晏子说："只有出使狗国的人，才从狗洞中进去。今天我出使的是楚国，应该不是从此门中入城吧。"

楚国人只好改道请晏子从大门中进去。

晏子拜见楚王。楚王说："齐国恐怕是没有人了吧？"

晏子回答说："齐国首都临淄有七千多户人家，人挨着人，肩并着肩，展开衣袖可以遮天蔽日，挥洒汗水就像天下雨一样，怎么能说齐国没有人呢？"

楚王又说："既然这样，为什么派你这样一个人来作使臣呢？"

晏子回答说："齐国派遣使臣，各有各的出使对象，贤明的人就派遣他出使贤明的国君；无能的人就派遣他出使无能的国君，我是最无能的人，所以就只好出使楚国了。"

晏子将要出使楚国。楚王听到这个消息，对身边的侍臣说："晏婴，是齐国善于辞令的人，现在他正要来，我想要羞辱他，用什么办法呢？"

侍臣回答说："当他来的时候，请让我们绑着一个人从大王面前走过。大王就问：'他是干什么的？'我就回答说：'他是齐国人。'大王再问：'犯了什么罪？'我回答说：'他犯了偷窃罪。'"

晏子来到了楚国，楚王请晏子喝酒，喝酒喝得正高兴的时候，两名公差绑着一个人来到楚王面前。楚王问道："绑着的人是干什么的？"公差回答说："他是齐国人，犯了偷窃罪。"

楚王看着晏子问道："你们齐国人原本善于偷东西的吗？"

晏子离开了席位，回答道："我听说这样一件事：橘树生长在淮河以南的地方就是橘树，生长在淮河以北的地方就是枳树，只是树叶相像罢了，其果实的味道却不同。为什么会这样呢？是因为水土条件不相同啊。现在这个人生长在齐国不偷东西，一到了楚国就偷起来了，莫非楚国的水土使百姓喜欢偷东西吗？"

楚王笑着说："圣人是不能同他开玩笑的，我反而自取其辱了。"

晏子应变自如，智慧超人，不仅维护了国家的尊严，也维护了个人尊严。

3. 七擒孟获

东汉末年，魏、吴、蜀三分天下。蜀丞相诸葛亮受刘备托孤遗诏，立志北伐，以重兴汉室。就在这时，蜀南方之南蛮又来犯蜀。

诸葛亮当即点兵南征。到了南蛮之地，双方首战，诸葛亮就大获全胜，擒住了南蛮的首领孟获。但孟获却不服气，说什么胜败乃兵家常事。孔明得知一笑，下令放了孟获。

放走孟获后，孔明找来他的副将，故意说孟获将此次叛乱的罪名都推到了他的头上。副将听了十分生气，大声喊冤，于是孔明将他也放了回去。副将回营后，心里一直愤愤不平。一天，他将孟获请入自己帐内，将孟获捆绑后送至了汉营。孔明用计二次擒获了孟获，孟获却还是不服，诸葛亮便又放了他。

这次，汉营大将们都有些想不通。他们认为大家远涉而来，这么轻易地放走敌人简直是像开玩笑一样。孔明却自有道理：只有以德服人才能真的让人心服；以力服人将必有后患。

孟获再次回到洞中，他的弟弟孟优给他献了个计谋。半夜时分，孟优带人来到汉营诈降，孔明一眼就识破了他，于是下令赏了大量的美酒给南蛮之兵，使孟优带来的人喝得酩酊大醉。这时孟获按计划前来劫营，却不料自投罗网，被再次擒获。这回孟获却仍是不甘心，孔明便第三次放虎归山。

孟获回到大营，立即着手整顿军队，待机而发。一天，忽有探子来报：孔明正独自在阵前察看地形。孟获听后大喜，立即带了人赶去捉拿诸葛亮。不料这次他又中了诸葛亮的圈套，第四次成了瓮中之鳖。

孔明知他这次肯定还是不会服气，再次放了他。孟获带兵回到营中。他营中一员大将带来洞主杨峰，杨峰因跟随孟获数次被擒亦数次被放，心里十分感激诸葛亮。为了报恩，他与夫人一起将孟获灌醉后押到汉营。孟获五次被擒仍是不服，大呼是内贼陷害。孔明便第五次放了他，命他再来战。

孟获在银坑洞召集千余人，又叫妻弟去请能驱赶毒蛇猛兽的木鹿大王助战，正在安排要与蜀军决战之时，蜀军已到洞前。孟获大惊，妻子祝融氏便领兵出战。

祝融氏用飞刀伤了蜀将张嶷，活捉了去，又用绊马索绊倒马忠一起捉了去。第二天，孔明也用计捉了祝融氏，用她换回了张嶷、马忠二将。孟获要木鹿大王出战。木鹿骑着白象，口念咒语，手里摇着铃铛，赶着一群毒蛇猛兽向蜀军走去。孔明取出早已准备好的木制巨兽，口里喷火，鼻里冒烟，吓退了蛮兵的怪兽，占了孟获的银坑洞。

第二天，孔明正要分兵缉擒孟获，忽得报，说孟获的妻弟将孟获带往孔明寨中投降，孔明知道是假降，一声令下全部拿下，并搜出每人身上的兵器。孟获不服，说假如能擒他七次，他才真服。孔明于是又放了他。

孟获又请来乌戈国的藤甲军，与孔明决战。孔明用油车火药烧死了无数蛮兵，孟获第七次被擒，才真心投降。

到了孟获第七次被捉的时候，诸葛亮还要再放。孟获却不愿意走了。他流着眼泪说："丞相七擒七纵，待我可说是仁至义尽了。我打心底里敬服。从今以后，不敢再反了。"

孟获回去以后，还说服各部落全部投降，南中地区就此重新归蜀汉控制。

攻心为上。诸葛亮七擒孟获，不仅是诸葛亮宽容谦让的胜利，也是他智慧的胜利。

诸葛亮可谓君子。

4．"零分"之约

我曾经是一个让老师感到头疼的孩子，调皮、厌学、爱做白日梦。每次考试，成绩都是雷打不动的"C"，这让教过我的老师都无计可施。直到卡尔森小姐来到我们的班级以后，这一切才发生了改变。

一定是教过我的老师都向卡尔森小姐说过我的坏话了，所以第一天上课，她在点到我名字的时候，冲我意味深长地笑了笑，说："你就是整天梦想当个赛车手，却不爱学习的斯蒂文弗吗？"

"是的。"我感觉她的话里有一些鄙夷的成分，这是对一个13岁少年尊严的莫大侮辱。我接着声音高亢起来，坚决而富有挑衅地说："舒马赫是我的偶像，他像我这么大时成绩也很糟糕，他曾经考过零分呢，现在不一样当了世界顶尖级赛车手？"

卡尔森小姐突然爽朗地笑了起来："他考了零分当了赛车手，而你从来没有考过零分啊，每次都是'C'！"说完，她扬了扬手中的成绩单。

她竟然笑话我没有考过零分！我真的觉得自己当众受到了极大的羞辱。我几乎要成为一头咆哮的小牛，在教室里横冲直撞了。可她的温柔目光像雅典娜女神的召唤一样，一刻也没有从我脸上移开，控制住了我心头的怒火。我咽了一口唾沫，从喉咙里发出低沉的声音："哼，下次我就考零分给你看看！"

她伸长了耳朵，仿佛一下子抓住了我的"小辫子"似的，说道："好啊，这个创意很好！咱们不妨做个约定，你要是考了零分，那么在班级里你一切自便，我决不干涉；可你一天没有考到零分，就要服从我的管理，好好学习！"

我吐了吐舌头，因为我感觉自己遇到了一个天底下最最可爱又最最愚蠢的老师。

"不过，既然是'考'，咱们还得遵循必要的考试规则：试卷必须答完，不能一字不填就交卷，更不能离场脱逃。如果那样的话即视为违约，好不好？"

这还不简单！我的心底发出快乐的鸣叫，不假思索地答道："没有任何问题！"

很快便迎来了考试。发下试卷后，我快速地填好自己的名字，开始答卷。最后我像以往那样乱蒙一通。走出考场，我忽然发现，自己手心里竟然出了汗。我第一次感觉，原来，考零分竟然跟考满分一样难！我心情沮丧极了，那种期待着一场零分考试就彻底解放自己的想法似乎是一个缥缈的梦，可望而不可即。

试卷结果出来了，又是"C"，而不是"0"！可恶的"C"！

我开始诅咒起来。卡尔森小姐走过来，狡黠地提醒道："咱们可是有约在先的哦，如果你没有考到零分，你必须听从我的指挥和安排。"

我低下头，既羞愧，又暗骂自己不争气。

"现在，我要求你，早一天考零分，或者说，你近期的学习目标是向零分冲刺！"

很快又迎来了第二场考试，结局还是一样，又是"C"！

第三次、第四次……我一次又一次地向零分冲刺。我发奋学习，竟然发现自己有把握做错的题越来越多，换句话说，我会做的题越来越多。我的赛车渐渐地蒙上了尘埃，我的赛车手梦也渐渐弥散，取而代之的，是萦绕在我脑海中的一道道试题。

终于，一年后，我成功地考到了第一个零分！也就是说，试卷上的所有题目我都会做，都能判断出哪个答案正确，哪个错误。

卡尔森小姐把试卷发下来后，大声地宣布："斯蒂文弗，祝贺你，终于考到了零分！"全班响起了热烈的掌声，是祝福的掌声！我脸红如枣，感到羞愧难当。

"好了，你终于凭着自己掌握的知识考到了零分，按照我们的约定，你可以在班级内做你任何想做的事情了。"卡尔森小姐走过来，抚着我的头温和地说。

泪水突然涌出我的眼眶，哽咽了许久，我终于脱口而出："谢谢您，老师，在我没有成为世界一流赛车手之前，我想成为一名出色的中学生……"

"斯蒂文弗，你是好样的，在我心目中，一个凭实力考了零分的学生跟考了'A'的学生是一样出色的！我为你感到骄傲！"

一个称职的教师，不仅需要爱心而且需要智慧。卡尔森老师与学生斯蒂文弗的"零分"之约，为我们演绎了一场经典的范例。

五、信

与朋友交，言而有信。

——《论语》

民无信不立。

——《论语》

信，是儒家"五常"（仁义礼智信）之一。

孔子提倡"文"（即《诗》、《书》、《礼》、《乐》等典籍）、行、忠、信并重，希望学生能做到：博学多闻（文），敦品励行（行），尽忠职守（忠），诚实不欺（信）。把智育与德育结合起来，才能做一名德才兼备的人。

"君子之言，信而有征，故怨远于其身；小人之言，僭而无征，故怨咎及之。"（《左传·昭公八年》）君子之言，诚实而有证据，所以怨恨远于其身；小人之言，越分妄言，又无根据，所以招致怨祸。要求人说话要诚实，要有根据，切忌无事实根据的胡言乱语。

"或问信，曰：'不食其言'。"（扬雄《法言·重黎》）所谓信实，就是指不违背和忘记自己的诺言，一定要信守承诺，说到做到，言行一致。

"信者，诚也，专一不移也。"（班固《白虎通义·性情·论五性六情》）从一定意义上，信就是诚，诚就是信，二者相通，基本内涵都是真实无欺。无论说话做事，都是诚实可信的。

"夫信者，人君之大宝也。国保于民，民保于信。非信无以使民，非民无以守国。是故古之王者不欺四海，霸者不欺四邻。善为国者，不欺其民；善为家者，不欺其亲。"（司马光《资治通鉴·卷二》）诚信，是人的法宝，因为"国保于民，民保于信"。君无信用不能使民，失去民心则不能守国。所以古代圣王不欺四海，五霸不欺四邻。善治国者，不欺其民；善齐家者，不欺其亲。可见，信在治国齐家中是何等重要。

1. 抱柱之信

《庄子》中有这样一个故事：说的是有一个年轻人名叫尾生，他爱上了一个女孩子。有一天，他们相约在一座隐蔽的桥下幽会。尾生去了，久等女子不来。后来河水涨了，女子还没有来，尾生抱着柱子，一直等着不愿离去。直到洪水将他淹没。

承诺了在桥下见面，不见不散，就坚守致死，为爱殉情。这种诚信至上的精神，成了千百年来人们口碑相传的感人至深的爱情颂歌。

在现代人的婚姻中，已经少有抱柱之信的影子了。近十年来，我见过不下五十桩年轻人的新婚仪式。主持人问男方：你爱她吗？答：爱。主持人问女方：你爱他吗？答：爱。主持人又问：无论富裕与贫穷，无论健康与疾病，你都始终如一爱他（她）吗？对方都答：爱。遗憾的是这五十桩婚姻在这十年内已经破裂了一半。其中导致分手的以经济原因居多。那么婚誓的承诺：无论富贵与贫穷都始终如一，这个诚信哪儿去了？

2. 范式与张劭

这是东汉时的一个故事。

山阳金乡县人范式，年少时在太学学习，因身体弱小，常常被人欺负，幸得汝南的张劭帮助，两人因此结为好友。

学成返乡时，范式将平日最喜欢的笛子送给张劭，两人相约10年后在学堂前的竹林相见。

10年后，范式做了太守，为官清廉，替百姓做了不少好事。这日，范式受理一案，被告竟然是张劭，范式大惊，马上跑到牢里找张劭。见面后，范式生气地质问张劭："我们自小结交，一直以为你是个品德高尚的人，为何做出如此奸邪的事来？"张劭怒道："冤枉！我们相交一场，难道连你也不相信我吗？"

范式让张劭道出事情经过。张劭说道，他平日为人行侠仗义，得罪不少乡绅市井。这次，他见有人当街强抢良家妇女，上前相助，言语不合便打了起来，混乱中，那女子竟被恶霸的家人打死。事后恶霸反咬一口，说他强抢民女，伤人性命。范式听后，频频点头道："我不能只听你的片面之词，回府后我会调查此事，如果你是冤枉的，我定会为你昭雪。"

此后，范式四方取证，发现事实果然如张劭所言，正当他要平反此案时，朝廷的诏令下来了，将范式停职查办。原来恶霸听说新来的太守是张劭的旧友，怕他查出实情，便使人贿赂京官，诬陷范式包庇犯人，徇私枉法。范式接旨后，义愤填膺，写了一篇奏折上书朝廷，陈述了张劭的冤情，朝廷为此要新任太守继续督办此案，终于，张劭冤屈昭雪，恶霸当街被斩，得到了应得的下场。案情完后，范式收拾行囊踏上返乡之路，行至太学旧处，范式想起了与张劭的10年之约，暗道："张兄经此变故，还记得我们的约定否？"于是信步来到竹林，见眼前的竹子比10年前更多、更高大了，可林前的人却少了一个，"张兄，你来了吗？"范式唏嘘不已，他倚住一棵树，闭上双眼，任脑海中回忆着两人10年前在林中读书、吹笛、嬉戏的场景，不禁泪水已在眼中打转，这时一阵悠扬的笛声从林中响起，回头看时，张劭持着有些发黄的竹笛翩翩而至……

两人在林中尽吐心中思念，互道别情，对于张劭冤案一事竟是只字未提。临别分手时，范式对张劭说："两年后，我将到你那里去拜见你的父母。"两人还共同约定了日期。

两年后，约定的日期就要到了，张劭将这件事告诉了母亲，让家里准备一些酒食来迎候好友范式的到来，母亲有些不解地说："都分手两年了，千里迢迢说的话，你怎么能信以为真呢？"张劭回答说："范式是一个信人，一定会来的。"母亲说："如果是这样的话，那我就为你们酿酒。"

约定的日期终于到了,范式果然来了,于是张家隆重地欢迎范式的到来,范式拜见张劭的祖辈父母,与张劭一家欢饮而别。

后来,张劭得了重病,临终时,长叹:"恨不能见吾死友!"他身边两个朋友说:"我们尽心地服侍你,不就是你的死友吗,你还想要见谁呢?"张劭道:"你们两个,是生友。山阳范式,才是死友。"

不久,张劭死了。范式一日忽然梦见张劭戴着垂穗的黑帽、穿着屣履对着自己哀哭:"巨卿(范式的字),我已经于某日死了,将永归黄泉,没有见到你最后一面,真是遗憾!"范式惊醒后,悲泣长叹,他将此事报知上司,请求前往奔丧,上司虽然不信,但不忍心让范式违背他对朋友的至诚,就答应了。范式身着丧服,日夜兼程,希望赶在入葬之前到张劭宿处。可惜,范式未及赶到,发丧已经开始了,发丧的队伍到了墓地,将要下葬时,棺木总安放不到位。张母抚着棺材说:"儿啊,难道你还有什么未了的心愿吗?"因此停下了一会,这时,远远见到有素车白马,号哭而来。张母望之曰:"是范式来了。"范式到后,趴在棺木上痛哭不止:"元伯(张劭的字)你走得太匆忙!从此死生路异,永远不能相见了。"会葬者千人,无不感动流涕。范式执魂幡于前领路,棺木方才入墓安放就位。

发丧后,范式留在坟边整理草树,守墓三月后才依依而去。

范式为东汉名士。曾任荆州刺史、庐江太守等职。以重友情、讲信义而口碑于世。

3. 用生命承诺

古时候，意大利东部有个叫锡拉库扎的国家。由于国王享有的权力过大，常常引起民众的不满。其中有个叫帕西斯的年轻人对此不平，于是常常在城里到处演讲，想唤起百姓反对国王。于是国王便叫人捉拿了他及他的朋友戴蒙。国王叫他屈服，否则便有牢狱之灾。

然而，帕西斯一点不屈服，坚信要求平等的愿望是人的基本权利没有错！国王发怒，下令把帕西斯锁在监狱里，除非保证再也不干作对的事时才能被赦罪。

帕西斯却说，我永远不能做出保证，我愿意入狱。只是请让我在入狱之前回一趟家，告诉他们这件事，交代好家里的事务。

国王大声说："你以为我傻吗？我要把你放回家了，你怎么可能还回来！"

这时，帕西斯的朋友戴蒙站出来说道："殿下，请让我的朋友回一趟家，在他离开的期间，我愿意替他入狱，直到他回来。"

国王点点头，说："好主意！"接着道："不过，若是帕西斯在三天之内没有回来，那么你就将被处以死刑。"

戴蒙坚定地说："我相信我的朋友。"

于是，帕西斯踏上了回家的路，而戴蒙被关进了幽暗的地牢。第一天过了，第二天过了，转眼就是第三天了。第三天的早晨，国王把戴蒙召唤到殿堂上。

国王的话语中带着怒气对他说："你知道这意味着什么吗？这意味着你必死无疑！"

"我相信我的朋友。"戴蒙坚信不疑，"一定是因为路上有什么事耽搁了，他一定会回来的，我相信。"

在日落时分，士兵把戴蒙带到了刑场。国王满脸嘲讽地看了一眼戴蒙，问道："你的朋友到了现在还没回来，看你还有什么话好说。"

"我相信我的朋友会回来。"戴蒙仍然坚信。

就在此时此刻，他们看到远方一个跌跌撞撞的身影奔来，是帕西斯！他在这千钧一发的时刻赶回来了！他的衣服都破了，脸上还有伤口，显得十分狼狈。"感谢上帝，你平安地回来了！"戴蒙说。

"我坐的船在半路遭遇了风暴，之后在半路又遭遇了抢匪。但我没有放弃，我终于在最后期限内赶回来了！现在让我来承担自己的罪吧。"

看到这样的友情，国王被感动了。他从两个年轻人身上学到了可贵的一课。他释放了戴蒙，也赦免了帕西斯。并希望他们能帮助他成为一个好的君王。

这是一种感天动地的真诚友谊。这种用生命铸成的诚信，让戴蒙和帕西斯成为生死之交的朋友。并且感动了他人，感动了国王，促使他从而变成了一位明智的君王。

其实，戴蒙可以选择不当人质，那么帕西斯的结果一是告别不了家人；二是将永生禁锢在牢狱中。帕西斯也可以选择一去不复返，那样的结果是戴蒙将蒙受死刑。两位朋友都选择了信义。最后是幸福大结局。——这就是诚信的力量！

4. 一个小孩的墓地

在美国纽约的河边公园里矗立着"南北战争阵亡战士纪念碑",每年有许多游人来祭奠亡灵。美国第十八任总统、南北战争时期担任北方军统帅的格兰特将军的陵墓,坐落在公园的北部。格兰特将军的陵墓后边,靠近悬崖边的地方还有一座小孩子的陵墓。那是一座极小极普通的墓,在任何其他地方你都可能会忽略它的存在。它同绝大多数美国人的陵墓一样,只有一块小小的墓碑。在墓碑和旁边的一块木牌上,却记载着一个感人至深的关于诚信的故事:

故事发生在1797年。这一年,这片土地的小主人才五岁,不慎从这里的悬崖上坠落身亡。其父伤心欲绝,将他埋葬于此,并修建了这样一个小小的陵墓以作纪念。数年后,家道衰落,老主人不得不将这片土地转让。出于对儿子的爱,他对今后的土地主人提出一个奇特的要求,他要求新主人把孩子的陵墓作为土地的一部分,永远不要毁坏它。新主人答应了,并把这个条件写进了契约。这样,孩子的陵墓就被保留了下来。

沧海桑田,一百年过去了。这片土地不知道辗转卖过了多少次,也不知道换过了多少位主人,孩子的名字早已被世人忘却,但孩子的陵墓仍然还在那里，它依据一个又一个的买卖契约，被完整无损地保存了下来。到了1897年，这片风水宝地被选中作为国家格兰特将军的陵园。政府成了这块土地的主人，无名孩子的墓在政府手中完整无损地保留了下来，成了格兰特将军陵墓的邻居。一个伟大的历史缔造者之墓与一个无名孩童之墓毗邻而居，这可能是世界上独一无二的奇观。又一个一百年以后，1997年的时候，为了缅怀格兰特将军，当时的纽约市长朱利安尼来到这里。那时，刚好是格兰特将军陵墓建立一百周年，也是小孩子去世两百周年的时间，朱利安尼市长亲自撰写了这个动人的故事，并把它刻在木牌上，立在无名小孩陵墓的旁边，让这个恪守契约的诚信故事世世代代流传下去……

一个国家总统、一个南北战争中的伟大英雄的陵墓，能同一个普通市民小孩的坟墓安葬在一起吗？这对于世界上一般国家来说，都是不可思议的。

为什么一个国家能够让一个小孩同一个总统的墓靠在一起，是因为这个国家的所有当事人能够恪守承诺、不折不扣践行契约精神的缘故。他们是众君子，是世人永远仿效的楷模。

5. 迟到的道歉

前不久，美国科罗拉多州鹰谷高中的校长马克·斯瑞克本收到一封十分奇特的来信：一位65岁高龄的老奶奶，为她47年前在英国文学考试上的作弊行为做出郑重的道歉。

信中说，那一年她18岁，是美国科罗拉多州鹰谷中学的一名学生。为了能在毕业考试中考出一个优异的成绩，她找到一个和她十分要好的同班同学，一起商量怎样找到一条捷径。最后，她们想到了偷题。经过一番仔细的策划，再加上两个人天衣无缝的配合，考试题和答案还真的被她们偷了出来，那是一张"莎士比亚文学"考试的试题及答案。自然，在那次考试中，她的考试成绩非常优异。但是，随着年龄的增长，这次鲜为人知的作弊行为渐渐成为她生活中的一块阴影，这段不光彩的往事，常常使她悔恨不已，她也为此失去了许多应有的快乐。47年后，已经是65岁的她终于鼓起勇气，给鹰谷中学的马克校长写了一封信，为她47年前的作弊行为做出郑重的道歉。

> 毕业考试的时候我作弊了。

为了表示自己认错的诚意，老奶奶没有用打印稿，而是手写了满满的一页纸。她在信中还叙述了这么多年来内心所承受的自责，并劝诫学生们要做诚实的人。老人的坦诚深深打动了马克校长，于是，他把这封信念给每个班的学生听。不管怎样，迟到的诚实也是一种可贵的诚实，那是一种自醒后的顿悟，是一条明辨是非的底线。

当现实的"做假"现象已让我们残存不多的愤慨几近麻痹的时候，一位老人将47年前的"作弊"公之于世，真让我们大为感慨。一个年近古稀的老人，一件世人全然不知的事，有必要将它曝光吗？老人的回答是肯定的。正如孔子说："朝闻道，夕死可矣。"只有解除了这个心中的疙瘩，她才能轻松去面对上帝。

没有任何东西能阻挡人们对诚信的敬畏和追求，即便是生命的最后一刹那。

第四卷

君子古典名篇

1. 宋玉对楚王问

——选自《古之观止》

原文：

楚襄王问于宋玉曰："先生其有遗行与？何士民众庶不誉之甚也！"

宋玉对曰："唯，然，有之！愿大王宽其罪，使得毕其辞。客有歌于郢中者，其始曰《下里》、《巴人》，国中属而和者数千人。其为《阳阿》、《薤露》，国中属而和者数百人。其为《阳春》、《白雪》，国中属而和者，不过数十人。引商刻羽，杂以流徵，国中属而和者，不过数人而已。是其曲弥高，其和弥寡。

"故鸟有凤而鱼有鲲。凤凰上击九千里，绝云霓，负苍天，足乱浮云，翱翔乎杳冥之上。夫蕃篱之鷃，岂能与之料天地之高哉？鲲鱼朝发昆仑之墟，暴鬐于碣石，暮宿于孟诸。夫尺泽之鲵，岂能与之量江海之大哉？故非独鸟有凤而鱼有鲲也，士亦有之。夫圣人瑰意琦行，超然独处，世俗之民，又安知臣之所为哉？"

白话文：

楚襄王问宋玉说："先生也许有不检点的行为吧？为什么士人百姓都不那么称赞你呢？"

宋玉回答说："是的，是这样，有这种情况。希望大王宽恕我的罪过，允许我把话说完。

"有一位过客在都城里唱歌，起初他唱《下里》、《巴人》，都城里跟着他唱的有几千人；后来唱《阳阿》、《薤露》，都城里跟着他唱的也有几百人；等到他唱《阳春》、《白雪》的时候，都城里跟着他唱的减少到只有几十人；最后他引其声而为商音，压低其声而为羽音，夹杂着运用流动的徵声时,都城里跟着他应唱的仅有几人罢了。这样看来,歌曲越是高雅,和唱的人也就越少。

"所以鸟类中有凤凰,鱼类中有鲲鱼。凤凰展翅上飞九千里,穿越云霓,背负着苍天,两只脚搅乱浮云,翱翔在那极高远的天上;那跳跃在篱笆下面的小燕雀,岂能和它一样了解天地的高大!鲲鱼早上从昆仑山脚下出发,中午在渤海边的碣石山上晒脊背,夜晚在孟诸过夜;那一尺来深水塘里的小鲵鱼,岂能和它一样测知江海的广阔!

"所以不光是鸟类中有凤凰,鱼类中有鲲鱼,士人之中也有杰出人才。圣人的伟大志向和美好的操行,超出常人而独自存在,一般的人又怎能知道我的所作所为呢?"

燕雀安知
鸿鹄之志

感悟语:
　　古往今来,人类历史上君子总是少数,世俗之民总是多数。君子不媚俗,不同流合污,"出淤泥而不染",常常瑰意琦行,超然独处,比如屈原、陶渊明及本文的宋玉,这是理所当然的事。但君子之德风,他又以其美好行操来引领风尚,影响世人,成为后世的风范。

172

2. 渔父

——选自《楚辞》

原文：

屈原既放，游于江潭，行吟泽畔，颜色憔悴，形容枯槁。

渔父见而问之曰："子非三闾大夫与？何故至于斯？"

屈原曰："举世皆浊我独清，众人皆醉我独醒，是以见放。"

渔父曰："圣人不凝滞于物，而能与世推移。世人皆浊，何不淈其泥而扬其波？众人皆醉，何不铺其糟而歠其醨？何故深思高举，自令放为？"

屈原曰："吾闻之，新沐者必弹冠，新浴者必振衣。安能以身之察察，受物之汶汶者乎？宁赴湘流，葬于江鱼之腹中，安能以皓皓之白，而蒙世俗之尘埃乎！"

渔父莞尔而笑，鼓枻而去，乃歌曰："沧浪之水清兮，可以濯吾缨；沧浪之水浊兮，可以濯吾足。"

遂去，不复与言。

白话文：

屈原被放逐以后，来往于江潭之间，在水边边走边叹息，看起来憔悴枯瘦，一副病态愁容的样子。

渔夫看到了就问他："你不就是三闾大夫吗？为什么会流落到这个地方来呢？"

屈原回答说："全天下的人都污浊了，只有我是清白的，所有的人都昏醉了，只有我是清醒的。所以就被放逐了。"

渔夫说："一个才德兼备的人是不会执着拘泥于外物的，而且能够审时度势转变作为。全天下都污浊了，为什么不跟着同流合污呢？所有人都昏醉了，为什么不跟着饮酒享乐呢？为什么要思虑得那么深远，表现得那么清高，而使自己遭到放逐呢？"

屈原回答说："我听说刚洗过头的人，一定要把帽子拍干净才戴上；刚洗过澡的人，一定要把衣服抖干净才穿上。怎么可以用洁净的身体去承受污秽的东西呢？宁可投身到湘江的流水中，葬身在江中的鱼肚里；怎么可以用清白的人格，去蒙受人世间的尘土呢？"

渔夫微微一笑，敲击着船板将走，一面唱着歌说："沧浪的水清澈的话啊，可用来洗我的帽带，沧浪的水污浊的话啊，可用来洗我的双脚！"

然后离去了，不再和屈原说话。

感悟语：

孔子说："邦有道，谷；邦无道，谷，耻也。"国家圣明的时候，可以去做官。国家腐败的时候再去做官，就是耻辱了。屈原所处的世界是一个奸佞当道的社会，他不愿同流合污，于是选择了离去，乃至魂断汨罗江。是他保持君子圣洁之身的悲壮举措。我们为他的精神所折服，也为他生命早逝一掬怜惜之泪。

3. 公输

——选自《墨子》

原文：

  公输盘为楚造云梯之械，成，将以攻宋。

  子墨子闻之，起于齐，行十日十夜而至于郢，见公输盘。

  公输盘曰："夫子何命焉为？"子墨子曰："北方有侮臣，愿借子杀之。"

  公输盘不悦。

  子墨子曰："请献十金。"

  公输盘曰："吾义固不杀人。"

  子墨子起，再拜，曰："请说之。吾从北方，闻子为梯，将以攻宋。宋何罪之有？荆国有余于地，而不足于民。杀所不足，而争所有余，不可谓智。宋无罪而攻之，不可谓仁。知而不争，不可谓忠。争而不得，不可谓强。义不杀少而杀众，不可谓知类。"

  公输盘服。

  子墨子曰："然，胡不已乎？"

  公输盘曰："不可，吾既已言之王矣。"

  子墨子曰："胡不见我于王？"

  公输盘曰："诺。"

  子墨子见王，曰："今有人于此，舍其文轩，邻有敝舆而欲窃之；舍其锦绣，邻有短褐而欲窃之；舍其粱肉，邻有糠糟而欲窃之。此为何若人？"

  王曰："必为有窃疾矣。"

子墨子曰："荆之地方五千里，宋之地方五百里，此犹文轩之与敝舆也；荆有云梦，犀兕麋鹿满之，江汉之鱼鳖鼋鼍为天下富，宋所为无雉兔鲋鱼者也，此犹粱肉之与糠糟也；荆有长松、文梓、楩、枬、豫章，宋无长木，此犹锦绣之与短褐也。臣以王之攻宋也，为与此同类，臣见大王之必伤义而不得。"

王曰："善哉！虽然，公输盘为我为云梯，必取宋。"

于是见公输盘，子墨子解带为城，以牒为械，公输盘九设攻城之机变，子墨子九距之。公输盘之攻械尽，子墨子之守圉有余。

公输盘诎，而曰："吾知所以距子矣，吾不言。"

子墨子亦曰："吾知子之所以距我，吾不言。"

楚王问其故，子墨子曰："公输子之意，不过欲杀臣。杀臣，宋莫能守，乃可攻也。然臣之弟子禽滑厘等三百人，已持臣守圉之器在宋城上而待楚寇矣。虽杀臣，不能绝也。"

楚王曰："善哉！吾请无攻宋矣。"

白话文：

公输盘给楚国制造云梯这种器械，制成后，要拿去攻打宋国。

墨子听到这个消息后，就从鲁国动身，走了十天十夜，到达郢都，去见公输盘。

公输盘说："先生有什么指教呢？"墨子说："北方有人欺侮我，我想借重您的力量杀掉他。"

公输盘不高兴了。

墨子说："请让我奉送给您十金。"

公输盘说："我是讲道义的人，绝不能平白无故杀人。"

墨子站起来，拜了两拜，说："请让我说几句话。我在北方听说您造了云梯，要拿去攻打宋国。宋国有什么罪呢？楚国有的是土地，缺少的是民众，如今去杀害自己缺少的民众而争夺自己并不缺少的土地，不能说是聪明。宋国并没有罪而要去攻打它，不能说是仁爱。懂得这个道理，却不据理力争，不能说是忠诚。争论而达不到目的，不能说是坚强。自己说讲道义，杀少量人还懂得不合理，却要去杀众多的人，不能说是明白事理。"

公输盘被说服了。

墨子说："那么，为什么不停止攻宋呢？"

公输盘说："不能，因为我已经对楚王说过了。"

墨子说："为什么不介绍我去见楚王呢？"

公输盘说："好吧。"

墨子见了楚王，说："现在这里有个人，抛掉自己华丽的车子，看到邻人有破车子便想去偷；抛掉自己的锦绣衣裳，看见邻人有粗布衣服就想去偷；抛掉自己的白米肥肉，看见邻人有糟糠便想去偷。这是什么样的人呢？"

楚王说："这个人一定患了偷窃病了。"

墨子说："楚国的土地方圆五千里，宋国的土地方圆只有五百里。这就好像华丽的车子和破车子相比。楚国有云梦泽，那里满是犀兕、麋鹿之类，长江、汉水里的鱼、鳖、鼋、鼍多得天下无比，宋国真像人们说的那样，是个连野鸡、兔子、鲫鱼（鲋鱼）都没有的地方。这就好像白米肥肉和糟糠相比。楚国有松、梓、楠、樟这些大树，宋国却没有什么大树。这就好像锦绣衣裳和粗布衣服相比。我认为大王攻打宋国，正和这个害偷窃病的人一样。"

楚王说："对呀！虽然是这样，但是公输盘给我造好云梯了，我一定要打宋国。"

于是，楚王召见公输盘。墨子解下衣带当作城，用竹片当器械。公输盘一次又一次地设下攻城的方法，墨子一次又一次地挡住了他。公输盘的攻城器械都用尽了，墨子的守城办法还绰绰有余。

公输盘技穷了，但他说："我知道怎么对付你了，可是我不说。"

墨子也说："我也知道你要怎么对付我，可是我也不说。"

楚王问这是怎么回事。墨子说："公输盘的意思，只不过是想要杀死我。杀了我，宋国就守不住了，就可以攻下了。可是我的学生禽滑厘等三百人，已经拿着我的防守器械，在宋国城上等待楚国来进攻了。即使杀了我，也不能杀尽保卫宋国的人。"

楚王说："好了，我不攻打宋国了。"

> 好了，我不攻打宋国了。

> 公输盘的意思，只不过是想要杀死我。杀了我，宋国就守不住了，就可以攻下了。可是我的学生禽滑厘等三百人，已经拿着我的防守器械，在宋国城上等待楚国来进攻了。即使杀了我，也不能杀尽保卫宋国的人。

感悟语：

墨子听说楚国要攻打宋国，从鲁国出发，走了十天十夜，为的是解救濒临战争洗礼的宋国百姓。——这是墨子的仁爱之心。

墨子不仅说服了公输盘，亦说服了楚王，还在模拟战斗中战胜了公输盘。最后还用早已备好的兵力抵御了公输盘的"狗急跳墙"。——这是墨子的智慧之术。

墨子不愧是君子。

4. 苏秦以连横说秦

——选自《战国策》

原文：

苏秦始将连横说秦惠王曰："大王之国，西有巴、蜀、汉中之利，北有胡貉、代马之用，南有巫山、黔中之限，东有崤、函之固。田肥美，民殷富，战车万乘，奋击百万，沃野千里，蓄积饶多，地势形便，此所谓天府，天下之雄国也。以大王之贤，士民之众，车骑之用，兵法之教，可以并诸侯，吞天下，称帝而治。愿大王少留意，臣请奏其效。"

秦王曰："寡人闻之：毛羽不丰满者，不可以高飞，文章不成者不可以诛罚，道德不厚者不可以使民，政教不顺者不可以烦大臣。今先生俨然不远千里而庭教之，愿以异日。"

苏秦曰："臣固疑大王之不能用也。昔者神农伐补遂，黄帝伐涿鹿而禽蚩尤，尧伐驩兜，舜伐三苗，禹伐共工，汤伐有夏，文王伐崇，武王伐纣，齐桓任战而伯天下。由此观之，恶有不战者乎？古者使车毂击驰，言语相结，天下为一，约从连横，兵革不藏。文士并饬，诸侯乱惑，万端俱起，不可胜理。科条既备，民多伪态，书策稠浊，百姓不足。上下相愁，民无所聊，明言章理，兵甲愈起。辩言伟服，战攻不息，繁称文辞，天下不治。舌弊耳聋，不见成功，行义约信，天下不亲。于是乃废文任武，厚养死士，缀甲厉兵，效胜于战场。夫徒处而致利，安坐而广地，虽古五帝三王五伯，明主贤君，常欲坐而致之，其势不能。故以战续之，宽则两军相攻，迫则杖戟相撞，然后可建大功。是故兵胜于外，义强于内，威立于上，民服于下。今欲并天下，凌万乘，诎敌国，制海内，子元元，臣诸侯，非兵不可。今之嗣主，忽于至道，皆惛于教，乱于治，迷于言，惑于语，沈于辩，溺于辞。以此论之，王固不能行也。"

说秦王书十上而说不行，黑貂之裘弊，黄金百斤尽，资用乏绝，去秦而归，嬴縢履蹻，负书担橐，形容枯槁，面目犁黑，状有愧色。归至家，妻不下纴，嫂不为炊，父母不与言。苏秦喟叹曰："妻不以我为夫，嫂不以我为叔，父母不以我为子，是皆秦之罪也。"乃夜发书，陈箧数十，得太公阴符之谋，伏而诵之，简练以为揣摩。读书欲睡，引锥自刺其股，血流至足，曰："安有说人主，不能出其金玉锦绣，取卿相之尊者乎？"期年，揣摩成，曰："此真可以说当世之君矣。"

于是乃摩燕乌集阙，见说赵王于华屋之下，抵掌而谈，赵王大悦，封为武安君。受相印，革车百乘，锦绣千纯，白璧百双，黄金万溢，以随其后，约从散横以抑强秦，故苏秦相于赵而关不通。

当此之时，天下之大，万民之众，王侯之威，谋臣之权，皆欲决苏秦之策。不费斗粮，未烦一兵，未战一士，未绝一弦，未折一矢，诸侯相亲，贤于兄弟。夫贤人在而天下服，一人用而天下从，故曰：式于政不式于勇；式于廊庙之内，不式于四境之外。当秦之隆，黄金万溢为用，转毂连骑，炫熿于道，山东之国从风而服，使赵大重。且夫苏秦，特穷巷掘门桑户棬枢之士耳，伏轼撙衔，横历天下，廷说诸侯之王，杜左右之口，天下莫之能伉。

苏秦以连横说秦

将说楚王，路过洛阳，父母闻之，清宫除道，张乐设饮，郊迎三十里。妻侧目而视，倾耳而听。嫂蛇行匍伏，四拜自跪而谢。苏秦曰："嫂何前倨而后卑也？"嫂曰："以季子之位尊而多金。"苏秦曰："嗟乎！贫穷则父母不子，富贵则亲戚畏惧。人生世上，势位富厚，盖可忽乎哉？"

白话文：

苏秦起先主张连横，劝秦惠王说："大王，您的国家，西面有巴、蜀、汉中的富饶，北面有胡貉和代马的物产，南面有巫山、黔中的屏障，东面有肴山、函谷关的坚固。耕田肥美，百姓富足，战车有万辆，武士有百万，在千里沃野上有多种出产，地势形胜而便利，这就是所谓的天府,天下显赫的大国。凭着大王的贤明、士民的众多、车骑的充足、兵法的教习,可以兼并诸侯,独吞天下,称帝而加以治理。希望大王能对此稍许留意一下,我请求来实现这件事。"

秦王回答说:"我听说:羽毛不丰满的不能高飞上天;法令不完备的不能惩治犯人;道德不深厚的不能驱使百姓;政教不顺民心的不能烦劳大臣。现在你大老远跑来在朝廷上开导我,我想还是改日再听你的说教吧。"

苏秦说:"我一直就想,大王或许不会接受我的意见。过去神农讨伐补遂、黄帝讨伐涿鹿擒获蚩尤、尧讨伐驩兜、舜讨伐三苗、禹讨伐共工、商汤讨伐夏桀、周文王讨伐崇国、周武王讨伐纣王、齐桓公用武力称霸天下。由此看来,哪有不用战争手段的呢?古代使者让车辆来回奔驰,用言语互相交结,天下成为一体,有的约纵有的连横,不再储备武器甲胄。文士个个巧舌如簧,诸侯听得云里雾里,群议纷起,难以清理。规章制度虽已完备,人们却到处虚情假意,条文记录又多又乱,百姓还是衣食不足。君臣愁容相对,人民无所依靠,道理愈是清楚明白,战乱反而愈益四起。穿着讲究的文士虽然善辩,攻战却难以止息。愈是广泛地玩弄文辞,天下就愈难以治理。说的人说得舌头破,听的人听得耳朵聋,却不见成功;嘴上大讲仁义礼信,却不能使天下人相亲。于是就废却文治,信用武力,以优厚待遇蓄养勇士,备好盔甲,磨好兵器,在战场上决一胜负。想白白等待以招致利益,安然兀坐而想扩展疆土,即使是上古五帝、三王、五霸、贤明的君主,常想坐而实现,势必都不可能。

"所以用战争来解决问题,相距远的就两支队伍相互进攻,相距近的持着刀戟相互冲刺,然后方能建立大功。因此对外军队取得了胜利,对内因行仁义而强大,上面的国君有了权威,下面的人民才能驯服。现在,要想并吞天下,超越大国,使敌国屈服,制服海内,君临天下百姓,以诸侯为臣,非发动战争不可。现在在位的国君,忽略了这个根本道理,都是教化不明,治理混乱,又被一些人的奇谈怪论所迷惑,沉溺在巧言诡辩之中。像这样看来,大王您是难于采纳我的建议的。"

劝说秦王的奏折多次呈上,而苏秦的主张仍未实行,黑貂皮大衣穿破了，几百两铜（战国时代钱币）也用完了，钱财一点不剩，只得离开秦国，返回家乡。缠着绑腿布，穿着草鞋，背着书箱，挑着行李，脸上又瘦又黑，一脸羞愧之色。回到家里，妻子不下织机，嫂子不去做饭，父母不与他说话。苏秦长叹道："妻子不把我当丈夫，嫂子不把我当小叔，父母不把我当儿子，这都是我的过错啊！"于是半夜找书，摆开几十只书箱，找到了姜太公的兵书，埋头诵读，反复选择、熟习、研究、体会。读到昏昏欲睡时，就拿针刺自己的大腿，鲜血一直流到脚跟，并自言自语说："哪有去游说国君，而不拿金玉锦绣，取得卿相之尊的人呢？"满一年，研究成功，说："这下真的可以去游说当代国君了！"

于是就登上名为燕乌集的宫阙，在宫殿之下谒见并游说赵王，拍着手掌侃侃而谈，赵王大喜，封苏秦为武安君。拜受相印，以兵车一百辆、锦绣一千匹、白璧一百对、黄金一万镒跟在他的后面，用来联合六国，瓦解连横，抑制强秦，所以苏秦在赵国为相而函谷关交通为之断绝。

在这个时候，那么大的天下，那么多的百姓，王侯的威望，谋臣的权力，都要被苏秦的策略所决定。不花费一斗粮，不烦劳一个兵，一个战士也不作战，一根弓弦也不断绝，一支箭也不弯折，诸侯相亲，胜过兄弟。贤人在位而天下驯服，一人被用而天下合纵，所以说：应运用德政，不应凭借勇力；应用于朝廷之内，不应用于国土之外。在苏秦显赫尊荣之时，万镒的黄金为他所使用，随从车骑络绎不绝，一路炫耀，华山以东各国随风折服，从而使赵国的地位大大提高。而那个苏秦，只不过是出于穷巷、窑门、桑户、棬枢之中的贫士罢了，但他伏在车轼之上，牵着马的勒头，横行于天下，在朝廷上劝说诸侯王，封杀左右大臣的嘴巴，天下没有人能与他匹敌。

苏秦将去游说楚王，路过洛阳，父母听到消息，收拾房屋，打扫街道，设置音乐，准备酒席，到三十里外郊野去迎接。妻子不敢正面看他，侧着耳朵听他说话。嫂子像蛇一样在地上匍匐，再三再四地跪拜谢罪。苏秦问："嫂子为什么过去那么趾高气扬，而现在又如此卑躬屈膝呢？"嫂子回答说："因为你地位尊贵而且很有钱啊。"苏秦叹道：

"唉！贫穷的时候父母不把我当儿子，富贵的时候连亲戚也畏惧，人活在世上，权势地位和荣华富贵，难道可以忽视吗？"

感悟语：

　　苏秦，一介书生，穷愁潦倒时没有"穷斯滥矣"，而是奋发图强，"头悬梁，锥刺股"，直到治国平天下，功成名就。苏秦是君子，也是生活中的普通人。他的显达，既来自于君子为实践理想的引领，又来自于家庭的"压力"。苏秦的可贵在于，能理性地将这两种力量组成"君子上达"的合力。

5. 颜斶说齐王

——选自《战国策》

原文：

　　齐宣王见颜斶，曰："斶前！"斶亦曰："王前！"宣王不悦。左右曰："王，人君也。斶，人臣也。王曰'斶前'，亦曰'王前'，可乎？"斶对曰："夫斶前为慕势，王前为趋士。与使斶为慕势，不如使王为趋士。"王忿然作色曰："王者贵乎？士贵乎？"对曰："士贵耳，王者不贵。"王曰："有说乎？"斶曰："有。昔者秦攻齐，令曰：'有敢去柳下季垄五十步而樵采者，死不赦。'令曰：'有能得齐王头者，封万户侯，赐金千镒。'由是观之，生王之头，曾不若死士之垄也。"宣王默然不悦。

　　左右皆曰："斶来，斶来！大王据千乘之地，而建千石钟，万石虡。天下之士，仁义皆来役处；辩士并进，莫不来语；东西南北，莫敢不服。求万物无不备具，而百姓无不亲附。今夫士之高者，乃称匹夫，徒步而处农亩，下则鄙野、监门、闾里，士之贱也，亦甚矣！"

斶对曰："不然。斶闻古大禹之时，诸侯万国。何则？德厚之道，得贵士之力也。故舜起农亩，出于岳鄙，而为天子。及汤之时，诸侯三千。当今之世，南面称寡者，乃二十四。由此观之，非得失之策与？稍稍诛灭，灭亡无族之时，欲为监门、闾里，安可得而有乎哉？是故《易传》不云乎．'居上位，未得其实，以喜其为名者，必以骄奢为行。据慢骄奢，则凶中之。是故无其实而喜其名者削，无德而望其福者约，无功而受其禄者辱，祸必握。'故曰：'矜功不立，虚愿不至。'此皆幸乐其名，华而无其实德者也。是以尧有九佐，舜有七友，禹有五丞，汤有三辅，自古及今而能虚成名于天下者，无有。是以君王无羞亟问，不愧下学；是故成其道德而扬功名于后世者，尧、舜、禹、汤、周文王是也。故曰：'无形者，形之君也。无端者，事之本也。'夫上见其原，下通其流，至圣人明学，何不吉之有哉！老子曰：'虽贵，必以贱为本；虽高，必以下为基。是以侯王称孤寡不谷，是其贱必本于？'非夫孤寡者，人之困贱下位也，而侯王以自谓，岂非下人而尊贵士与？夫尧传舜，舜传禹，周成王任周公旦，而世世称曰明主，是以明乎士之贵也。"

宣王曰："嗟乎！君子焉可侮哉，寡人自取病耳！及今闻君子之言，乃今闻细人之行，愿请受为弟子。且颜先生与寡人游，食必太

牢，出必乘车，妻子衣服丽都。"颜斶辞去曰："夫玉生于山，制则破焉，非弗宝贵矣，然夫璞不完。士生乎鄙野，推选则禄焉，非不得尊遂也，然而形神不全。斶愿得归，晚食以当肉，安步以当车，无罪以当贵，清静贞正以自虞。制言者王也，尽忠直言者斶也。言要道已备矣，愿得赐归，安行而反臣之邑屋。"则再拜而辞去也。斶知足矣，归反扑，则终身不辱也。

君子曰："斶知足矣，归真返璞，则终身不辱。"

白话文：

齐宣王召见颜斶，说："颜斶上前来！"颜斶也说："大王上前来！"宣王颇不高兴。

左右近臣说："大王是人君，颜斶你是人臣。大王说'颜斶上前来'，你也说'大王上前来'，这样可以吗？"颜斶回答说："我上前是趋炎附势，大王上前是礼贤下士。与其让我趋炎附势，不如让大王礼贤下士。"

宣王生气地变了脸色说："王尊贵，还是士尊贵？"颜斶回答说："士尊贵，王不尊贵。"

宣王又问："有根据吗？"颜斶说："有。秦国攻打齐国时，下命令说：'有人胆敢去柳下季墓地五十步内砍伐柴木的，一律死罪，绝不赦免。'又下了一道命令：'有人能砍获齐王的头颅，就封万户侯，赏黄金二万两。'由此看来，活着的君王的头颅，还不如死去的贤士的坟墓珍贵！"

宣王不说话，很不高兴。

左右近臣说："大王拥有千乘大国的土地，建有千石重的大钟、万石重的钟架，天下的士人、仁义者都来到齐国，甘心为大王服务，四方诸侯没有谁敢不服从大王的。现在士人中那些高尚的人，也就被称作匹夫，以平民的身份居住在乡间而已。现在士人下贱，也真是越来越严重了。"

颜斶回答说："不对。我听说上古大禹之时，诸侯国有上万个。什么原因呢？是他们仁爱而厚道，是得力于重用贤才之人。所以舜帝出身于农民,发迹于穷乡僻壤,终成为天子。到了商汤时代,诸侯都有三千人。到了现在,面向南方称王的才二十四位诸侯。由此看来,这难道不是政策的得失造成的吗?而当渐渐面临衰亡,面临丧失家族的时候,才想到要当监门、巷里,又怎么可能呢?《易传》说:'国君在位之时如果没有那种实际才德,喜欢追求虚名,必然用傲慢奢侈的举动行事。傲慢奢侈,灾祸就会随之而来。所以说:'居功自傲不能立业,空盼妄想成功不到。'这些都是只注重名声、华而无实际德行的人。故此,尧有九个辅佐,舜有七个好友,禹有五个丞相,商汤有三个辅臣。从古到今,以虚名能成就天下的从来没有。所以君主不应以多次向别人请教为羞耻,不应以向地位低微者学习为愧疚。才能成就他的道德,在后世扬名立功,尧、舜、禹、汤、周文王都是这样的人。所以说:'无形的东西,才是有形万物的主宰;看不见源头的东西,才是世事人情的根本。'若能向上看清事物的本源,向下通晓事物的流变,至圣者懂得该学些什么,哪里还有什么不吉祥的事情发生呢?老子说:'贵,一定以贱为根本;高,一定以下为基础。因此诸侯君主自称为孤、寡,这大概是因为他们懂得'贱'一定是'贵'的根本道理吧?'其实,他们并非是那种孤寡之人,孤寡是指生活困窘、地位卑微,诸侯君主用这些称呼自称,难道不是谦居于别人之下,把士人看得很尊贵吗?尧传位给舜,舜传位给禹,周成王任用周公旦,世世代代都称他们是贤明君主,这是因为他们明白士人是可贵的。"

宣王听后,感慨道:"是啊!怎么可以侮辱君子贤士呢,我是自讨没趣啊!今天我才听到了你的高论和明白了你的作法。希望您收我做学生。希望先生能与我交往出游,吃的一定是鱼肉,外出乘坐高级车马,妻子儿女都服饰华贵。"

颜斶婉然拒绝,告辞而去说:"璞玉生在深山,一经打磨加工就破损了,不是说玉不宝贵,而是璞玉本真已不复存在。士人生于偏僻乡野之地,经过推举选拔而被任用,享有禄位,并非不尊贵、不显赫,可他的精神本质已被伤害。我希望回到我的乡里,晚点吃饭权当吃肉,悠闲散步权当乘车,不犯王法权当富贵,清静纯正,自得其乐。如今发号施令的,是大王您;而竭尽忠心直言进谏的是我颜斶。我的主要想法已经说了，希望您允许我回去，平平安安地回到我的家乡。"于是拜了两拜后便飘然离去。颜阖很知足，能回归真朴，所以终生不受辱。

君子赞道："颜阖知道满足，所以能归于本性，返璞归真，终生不受侮辱。"

感悟语：

孔子说："天下有道则见，无道则隐。"颜阖所处的时代是天下纷争，乱世风云的时代。这时的君子不可能有独立精神，所崇尚的"君子不器"也不可能实现。正如颜阖所说，就像让原本在山中的美玉遭到雕琢而就失去了本真。颜阖放弃权位富贵，毅然做出了隐退的选择，而且欣然达观，这是难能可贵的，可钦可佩的。

6. 祁黄羊去私

——选自《吕氏春秋》

原文：

天无私覆也，地无私载也，日月无其私烛也，四时无私行也。行其德而万物得遂长焉。尧有子十人，不与其子而授舜，舜有子九人，不与其子而授禹。至公也。

晋平公问于祁黄羊曰："南阳无令，其谁可而为之？"祁黄羊对曰："解狐可。"平公曰："解狐非子之仇邪？"对曰："君问可，非问臣之仇也。"平公曰："善。"遂用之。国人称善焉。

居有间。平公又问祁黄羊曰："国无尉，其谁可而为之？"对曰："午可。"平公曰："午非子之子邪？"对曰："君问可，非问臣之子也。"平公曰："善。"又遂用之。国人称善焉。

孔子闻之曰："善哉！祁黄羊之论也，外举不避仇，内举不避子。

祁黄羊可谓公矣。"

白话文：

　　天不会为自己而覆盖什么，大地不会为自己而私自储存什么，太阳和月亮没有为自己照耀什么，四季没有为自己改变什么。它们推广和发挥了自己的优势因而万物才得以生长。尧有十个儿子，他不把天下传给自己的儿子而传给舜，舜有九个儿子，他不把天下传给自己的儿子而传给禹：都是大公无私的行为。

　　晋平公问祁黄羊说："南阳这个地方没有长官，谁可以任用？"祁黄羊答道："解狐适合。"平公说："解狐不是你的仇人吗？"祁黄羊回答说："您问可以任用的人，不是问我的仇人是谁。"平公称赞说："好的！"就任用了解狐。居住在国度里的人都称赞这件事。

　　过了一些时候，晋平公又问祁黄羊说："国家没有掌管军事的官，谁可以任用？"祁黄羊答道："祁午合适。"晋平公说："祁午不是你的儿子吗？"祁黄羊回答说："您问可以任用的人，不是问我的儿子是谁。"晋平公又称赞说："好的！"就又任用了祁午。居住在国度里的人又都称赞这件事。

　　孔子听到了这件事，说："真好啊，祁黄羊的话。他荐举外人，不

感情用事排除自己的仇人，荐举自家的人不怕嫌疑避开自己的儿子，祁黄羊可以称得上是大公无私了。"

感悟语：

孔子说："知之为知之，不知为不知，是知也。"也就是说，行就行，不行就不行。实事求是，不徇私情，正义公平。祁黄羊的举荐就是建立在这一基础上。所以孔子说，"祁黄羊可谓公矣"。

7. 陈情表

——（西晋）李密

原文：

臣密言：臣以险衅，夙遭闵凶。生孩六月，慈父见背。行年四岁，舅夺母志。祖母刘，愍臣孤弱，躬亲抚养。臣少多疾病，九岁不行，零丁孤苦，至于成立。既无叔伯，终鲜兄弟。门衰祚薄，晚有儿息。外无期功强近之亲，内无应门五尺之僮，茕茕孑立，形影相吊。而刘夙婴疾病，常在床蓐。臣侍汤药，未尝废离。

逮奉圣朝，沐浴清化。前太守臣逵，察臣孝廉。后刺史臣荣，举臣秀才。臣以供养无主，辞不赴命。诏书特下，拜臣郎中，寻蒙国恩，除臣洗马。猥以微贱，当侍东宫，非臣陨首所能上报。臣具以表闻，辞不就职。诏书切峻，责臣逋慢，郡县逼迫，催臣上道。州司临门，急于星火。臣欲奉诏奔驰，则刘病日笃，欲苟顺私情，则告诉不许。臣之进退，实为狼狈。

伏惟圣朝以孝治天下，凡在故老，犹蒙矜育，况臣孤苦，特为尤甚。且臣少仕伪朝，历职郎署，本图宦达，不矜名节。今臣亡国贱俘，至微至陋，过蒙拔擢，宠命优渥，岂敢盘桓，有所希冀？但以刘日薄西山，气息奄奄，人命危浅，朝不虑夕。臣无祖母，无以至今日，祖母无臣，无以终余年。母孙二人，更相为命，是以区区不能废远。

臣密今年四十有四，祖母今年九十有六，是臣尽节于陛下之日长，报刘之日短也。乌鸟私情，愿乞终养。臣之辛苦，非独蜀之人士及二州牧伯所见明知，皇天后土，实所共鉴。愿陛下矜悯愚诚，听臣微志。庶刘侥幸，保卒余年，臣生当陨首，死当结草。臣不胜犬马怖惧之情，谨拜表以闻。

白话文：

臣子李密陈言：臣子因命运不好，小时候就遭遇到了不幸，刚出生六个月，我慈爱的父亲就不幸去世了。过了四年，舅父强行改变了母亲原想守节的志向。我的奶奶刘氏，怜悯我从小丧父又多病消瘦，便亲自对我加以抚养。臣子小的时候经常有病，九岁时还不会走路。孤独无靠，一直到成人自立。我既没有叔叔伯伯，也没有哥哥弟弟，门庭衰微福气少，直到很晚才有了儿子。在外面没有比较亲近的亲戚，在家里又没有照管门户的童仆。孤孤单单地生活，每天只有自己的身体和影子相互安慰。而祖母刘氏很早就疾病缠身，常年卧床不起，我侍奉她吃饭喝药，从来就没有停止侍奉而离开她。

到了晋朝建立，我蒙受着清明的政治教化。前些时候太守逵，推举臣下为孝廉，后来刺史荣又推举臣下为秀才。臣下因为没有人照顾我祖母，就都推辞掉了，没有遵命。朝廷又特地下了诏书，任命我为郎中，不久又蒙受国家恩命，任命我为洗马。像我这样出身微贱地位卑下的人，担当服侍太子的职务，这实在不是我杀身捐躯所能报答朝廷的。我将以上苦衷上表报告，加以推辞不去就职。但是诏书急切严峻，责备我逃避命令，有意怠慢。郡县长官催促我立刻上路；州官登门督促，十万火急，刻不容缓。我很想遵从皇上的旨意立刻为国奔走效劳，但祖母刘氏的病却一天比一天重；想要姑且顺从自己的私情，但报告申诉又不见准许。我是进退维谷，处境十分狼狈。

我想圣朝是以孝道来治理天下的，凡是故旧老人，尚且还受到怜惜养育，何况我的孤苦这么严重的程度！而且我年轻的时候曾经做过蜀汉的官，历任郎中和尚书郎，本来图的就是仕途通达，无意以名誉节操来炫耀。现在我是一个低贱的亡国俘虏，实在卑微到不值一提，承蒙得到提拔，而且恩命十分优厚，怎敢犹豫不决另有所图呢？但是只因为祖母刘氏已是西山落日的样子，气息微弱，生命垂危，朝不保夕。臣下我如果没有祖母，是活不到今天的；祖母如果没有我的照料，也无法度过她的余生。我们祖孙二人，互相依靠，相濡以沫，正是因为这些，我的内心实在是不忍离开祖母而远行。

臣下我今年四十四岁，祖母今年九十六岁了，臣下我在陛下面前尽忠尽节的日子还长着呢，而在祖母刘氏面前尽孝尽心的日子却已经不多了。我怀着乌鸦反哺的私情，企求能够准许我完成对祖母养老送终的心愿。我的辛酸苦楚，并不仅仅是蜀地的百姓及益州、梁州的长官所亲眼目睹、内心明白，连天地神明也都看得清清楚楚。希望陛下能怜悯我愚昧至诚的心，满足臣下我一点小小的心愿，使祖母刘氏能够侥幸地保全她的余生。我活着当以牺牲生命，死了也要结草衔环来报答陛下的恩情。臣下我怀着牛马一样不胜恐惧的心情，恭敬地呈上此表以求闻达。

感悟语：

敬孝是中华民族的传统美德。孔子说："孝弟也者，其为仁之本与！"孝，是仁的根本。之所以李密的敬孝之心能感天动地，感动世人，是因为它蕴含的仁爱，蕴含的赤子之心。

8. 五柳先生传

——选自《陶渊明集》

原文：

先生不知何许人也，亦不详其姓字，宅边有五柳树，因以为号焉。闲静少言，不慕荣利。好读书，不求甚解；每有会意，便欣然忘食。性嗜酒，家贫不能常得。亲旧知其如此，或置酒而招之；造饮辄尽，期在必醉。既醉而退，曾不吝情去留。环堵萧然，不蔽风日；短褐穿结，箪瓢屡空，晏如也。常著文章自娱，颇示己志。忘怀得失，以此自终。

赞曰：黔娄之妻有言："不戚戚于贫贱，不汲汲于富贵。"其言兹若人之俦乎？衔觞赋诗，以乐其志，无怀氏之民欤？葛天氏之民欤？

白话文：

五柳先生不知道是什么地方的人，也不清楚他的姓名和表字，因为他住宅旁边有五棵柳树，就以此为号了。五柳先生这个人安闲沉静，很少说话，也不羡慕荣华利禄。喜欢读书，只求领会要旨，不字斟句酌、过分深究；每当对书中的内容有所领会的时候，就会高兴得忘了吃饭。五柳先生生性喜欢喝酒，因为家里贫穷不能经常得到酒喝。亲戚朋友知道他这种境况，有时摆了酒席来招待他；他去喝酒总图喝个尽兴，一醉方休。他喝醉了就走了，从来不会留恋席桌。他的简陋的居室里空空荡荡，遮不住寒风和烈日；他穿的粗布短衣上打了补丁，盛饭的篮子和饮水的水瓢里经常是空的，然而他却能安然自得。五柳先生常常以写诗作文当娱乐，以此彰显自己的志趣。不把得失放在心上，用这种心态了却一生。

赞语说：黔娄的妻子曾经说过："不为贫贱而感到忧愁，不热衷于发财做官。"这话大概说的是五柳先生这类的人吧？一边喝酒一边作诗，为自己的志趣而快乐，不知道自己是无怀氏时的百姓还是葛天氏治下的百姓。

不戚戚于贫贱，
不汲汲于富贵。

感悟语：

五柳先生是"君子固穷"的代表。能固守穷困，又能自得其乐。"不戚戚于贫贱，不汲汲于富贵"，有多少人有如此的胸怀和境界？

9. 归去来兮辞

——（东晋）陶渊明

原文：

（序）

余家贫，耕植不足以自给。幼稚盈室，瓶无储粟，生生所资，未见其术。亲故多劝余为长吏，脱然有怀，求之靡途。会有四方之事，诸侯以惠爱为德，家叔以余贫苦，遂见用于小邑。于时风波未静，心惮远役，彭泽去家百里，公田之利，足以为酒。故便求之。及少日，眷然有归欤之情。何则？质性自然，非矫厉所得。饥冻虽切，违己交病。尝从人事，皆口腹自役。于是怅然慷慨，深愧平生之志。犹望一稔，当敛裳宵逝。寻程氏妹丧于武昌，情在骏奔，自免去职。仲秋至冬，在官八十余日。因事顺心，命篇曰《归去来兮》。乙巳岁十一月也。

（正文）

归去来兮，田园将芜胡不归？既自以心为形役，奚惆怅而独悲？悟已往之不谏，知来者之可追。实迷途其未远，觉今是而昨非。舟遥遥以轻飏，风飘飘而吹衣。问征夫以前路，恨晨光之熹微。

乃瞻衡宇，载欣载奔。僮仆欢迎，稚子候门。三径就荒，松菊犹存。携幼入室，有酒盈樽。引壶觞以自酌，眄庭柯以怡颜。倚南窗以寄傲，审容膝之易安。园日涉以成趣，门虽设而常关。策扶老以流憩，时矫首而遐观。云无心以出岫，鸟倦飞而知还。景翳翳以将入，抚孤松而盘桓。

归去来兮，请息交以绝游。世与我而相违，复驾言兮焉求？悦亲戚之情话，乐琴书以消忧。农人告余以春及，将有事于西畴。或命巾车，或棹孤舟。既窈窕以寻壑，亦崎岖而经丘。木欣欣以向荣，泉涓涓而始流。善万物之得时，感吾生之行休。

已矣乎！寓形宇内复几时？曷不委心任去留？胡为乎遑遑欲何之？富贵非吾愿，帝乡不可期。怀良辰以孤往，或植杖而耘耔。登东皋以舒啸，临清流而赋诗。聊乘化以归尽，乐夫天命复奚疑！

白话文：

（序）

我家贫穷，耕田植桑不足以供自己生活。孩子很多，米缸里没有剩余的粮食，赖以维持生计的本领我还没有找到。亲友大都劝我去做官，我心里也有这个念头，可是求官缺少门路。正赶上出使到外地的事情，地方大吏以爱惜人才为美德，叔父也因为我家境贫苦替我设法，我就被委任到小县做官。那时社会上动荡不安，心里惧怕到远处当官。彭泽县离家一百里，公田收获的粮食，足够造酒饮用，所以就请求去那里。等到过了一些日子，便产生了留恋故园的怀乡感情。那是为什么？本性任其自然，这是勉强不得的；饥寒虽是急需解决的问题，但是违背本意去做官，身心都感痛苦。过去为官做事，都是为了吃饭而役使自己。于是惆怅感慨，心情激动不平，深深有愧于平生的志愿。仍然希望看到这一茬庄稼成熟，便收拾行装连夜离去。不久，嫁到程家的妹妹在武昌去世，去吊丧的心情像骏马奔驰一样急迫，自己请求免去官职。自立秋第二个月到冬天，在职共80多天。因辞官而顺遂了心愿，写了一篇文章，题目叫《归去来兮》。乙巳年（晋安帝义熙元年）十一月。

（正文）

回去吧！田园都将要荒芜了，为什么不回去呢？既然自己的心灵被躯壳所役使，那为什么悲愁失意呢？我明悟过去的错误已不可挽回，但明白未发生的事尚可补救。我反思是入了迷途，但不算太远，已觉悟如今的选择是正确的，而曾经的行为却是错误的。

船在水面轻轻地飘荡着前进，轻快前行，风轻飘飞舞，吹起了衣袂翩翩。我向行人询问前面的路，遗憾天亮得太慢。

终于看到了自己的家了，心中欣喜，奔跑过去。家僮欢快地迎接我，幼儿们守候在门庭等待。院子里的小路快要荒芜了，松菊还长在那里。我带着幼儿们进入屋室，早有清酿溢满了酒樽。我端起酒壶酒杯自斟自饮，看看院子里的树木，觉得很愉快；倚着南窗寄托傲然自得的心情，觉得住在简陋的小屋里也非常舒服。天天到院子里走走，自成一种乐趣，小园的门经常地关闭，拄着拐杖出去走走，随时随地休息，时时抬头望着远方。云气自然而然地从山里冒出，倦飞的小鸟也知道飞回巢中；阳光即将散去，太阳快落山了，手抚孤松流连忘返。

回来了！我要跟世俗之人断绝交游。世事与我所想的相违背，还能努力探求什么呢？以亲人间的知心话为愉悦，以弹琴读书为乐来消遣忧愁。农夫告诉我春天到了，西边田野里要开始耕种了。有时叫上一辆有布篷的小车，有时划一艘小船。有时经过幽深曲折的山谷，有时走过高低不平的山路。草木茂盛，水流涓涓。羡慕自然界的万物一到春天便生长茂盛，感叹自己的一生将要结束。

归去来兮辞

　　算了吧！活在这世上还能有多久，为什么不放下心来任其自然生活呢？为什么心神不定，想要到哪里去？富贵不是我所求，修成神仙也并非我的期望。趁着春天美好的时光，独自外出。有时放下手杖，拿起农具除草培土；有时登上东边的高岗放声呼啸，傍着清清的溪流吟诵诗篇。让我顺其自然走完生命的路程吧，抱定乐安天命的主意，还有什么可犹疑的呢？

感悟语：
　　陶渊明"归去来兮"的行为，来自于两个原因，拿他的话说就是：一"于时风波未静"，二"心惮远役"。风波未静，就是世事纷争，社会动乱。孔子说："危邦不入，乱邦不居。"陶渊明的"逃离"也是明智之举。再说他已深感官场对他是一种"远役"，身心都感到痛苦。为什么不解脱这种"迷途"呢？

　　陶渊明的回归家园，享受天伦之乐，享受田园诗一般的生活，是人的天性使然，又何尝不是君子的追求呢？

10. 醉翁亭记

——（北宋）欧阳修

原文：

　　环滁皆山也。其西南诸峰，林壑尤美，望之蔚然而深秀者，琅琊也。山行六七里，渐闻水声潺潺而泻出于两峰之间者，酿泉也。峰回路转，有亭翼然临于泉上者，醉翁亭也。作亭者谁？山之僧智仙也。名之者谁？太守自谓也。太守与客来饮于此，饮少辄醉，而年又最高，故自号曰醉翁也。醉翁之意不在酒，在乎山水之间也。山水之乐，得之心而寓之酒也。

醉能同其乐　醒能述以文者

若夫日出而林霏开，云归而岩穴暝，晦明变化者，山间之朝暮也。野芳发而幽香，佳木秀而繁阴，风霜高洁，水落而石出者，山间之四时也。朝而往，暮而归，四时之景不同，而乐亦无穷也。

至于负者歌于途，行者休于树，前者呼，后者应，伛偻提携，往来而不绝者，滁人游也。临溪而渔，溪深而鱼肥，酿泉为酒，泉香而酒洌，山肴野蔌，杂然而前陈者，太守宴也。宴酣之乐，非丝非竹，射者中，弈者胜，觥筹交错，起坐而喧哗者，众宾欢也。苍颜白发，颓然乎其间者，太守醉也。已而夕阳在山，人影散乱，太守归而宾客从也。树林阴翳，鸣声上下，游人去而禽鸟乐也。然而禽鸟知山林之乐，而不知人之乐；人知从太守游而乐，而不知太守之乐其乐也。醉能同其乐，醒能述以文者，太守也。太守谓谁？庐陵欧阳修也。

白话文：

环绕着滁州城的都是山。在它西南边的各个山峰中，树林和山谷尤其美丽。远远望去树木茂盛、景色幽深秀丽的就是琅琊山。在山中行走六七里，渐渐听见潺潺的流水声，远远望去，看见从两座山峰中间倾泻而下的，就是酿泉。山势回环，路也跟着拐弯，有座四角翘起像鸟张开翅膀、靠近在泉水边的亭子是醉翁亭。建造亭子的是谁？是山里的和尚智仙。给亭子取名字的是谁？是太守用自己的别号"醉翁"来命的名。太守和宾客们常常来这里饮酒，稍微饮上一点就醉了，而且年龄又是席间最大的，所以给自己取了外号叫"醉翁"。醉翁的意趣不在于喝酒，而在于欣赏山水的景色。欣赏山水的乐趣，领会在心里，寄托在喝酒上。

当太阳出来时，树林间的雾气就消散，烟云聚拢，山谷洞穴就显得昏暗了；或阴暗或明亮交替变化的景象，是山中早晚的景色。到了春天，野花开放散发出清幽的香气；到了夏天，美好的树木繁茂滋长，形成浓郁的绿荫；到了秋天，秋风高爽霜色洁白；到了冬天，溪水滴落山石显露的景色，就是山中的四季景色。早晨前往山里，傍晚归来，四季的景致不同，因而快乐也是无穷无尽的。

每见背着东西的人在路上歌唱，走路的人在树下休息，前面的人呼喊，后面的人应答，老人弯着腰走，小孩由大人领着走，来来往往，络绎不绝，这是滁州人在出游。靠近溪边来打鱼，溪水深而鱼儿肥，用泉水来酿酒，泉水清洌而酒色香醇，野味野菜，交错地在面前摆放，这是太守在宴请宾客。宴会喝酒的乐趣，不在于音乐，玩投壶的射中了目标，下棋的赢了，酒杯和酒筹交互错杂，或起或坐大声喧哗的是宾客们欢乐的样子。有一个容颜苍老、头发花白、醉醺醺地坐在人群中间的人，那个就是喝醉了的太守。

不久，夕阳挂在山上，人和影子散乱一地，太守回家而其他宾客跟从。树林枝叶茂密成荫，鸟儿到处鸣叫，这时游人离去而禽鸟却在欢乐。但是禽鸟懂得山林的快乐，却不懂得人的快乐；游人只知道跟着太守一同游玩很快乐，却不知道太守以游客的快乐而乐的奥妙。醉了能够同大家一起欢乐，醒来时又能够用文章记述这乐事的人，是太守啊。太守是谁？是庐陵郡的欧阳修啊。

感悟语：

作为庐陵郡的太守欧阳修。能与百姓为友，同玩同乐，说明他会当官，已营造了一种"政通人和"的社会景象。更难能可贵的是"醉能同其乐，醒能述以文者"，还能有富有境界的著述追求。成为"唐宋八大家"之一。这就是君子的"和而不同"。

附录

君子经文荟萃

(原文316句)

《大学》君子经文7句：

1. 故君子必慎其独也！
2. 富润屋，德润身，心广体胖。故君子必诚其意。
3. 君子贤其贤而亲其亲，小人乐其乐而利其利，此以没世不忘也。
4. 君子不出家而成教于国。
5. 是故君子有诸己而后求诸人，无诸己而后非诸人。
6. 是故君子先慎乎德。有德此有人，有人此有土，有土此有财，有财此有用。
7. 是故君子有大道，必忠信以得之，骄泰以失之。

《论语》君子经文80句：

1. 子曰："学而时习之，不亦悦乎？有朋自远方来，不亦乐乎？人不知而不愠，不亦君子乎？"

2. "君子务本，本立而道生。孝弟也者，其为仁之本与？"

3. 子曰："君子不重则不威，学则不固。主忠信，无友不如己者，过则勿惮改。"

4. 子曰："君子食无求饱，居无求安，敏于事而慎于言，就有道而正焉，可谓好学也已。"

5. 子曰："君子不器。"

6. 子曰："君子周而不比，小人比而不周。"

7. 子曰："君子无所争。必也射乎！揖让而升，下而饮，其争也君子。"

8. 子曰："富与贵，是人之所欲也，不以其道得之，不处也。贫与贱，是人之所恶也，不以其道得之，不去也。君子去仁，恶乎成名？君子无终食之间违仁，造次必于是，颠沛必于是。"

9. 子曰："君子之于天下也，无适也，无莫也，义之与比。"

10. 子曰："君子怀德，小人怀土；君子怀刑，小人怀惠。"

11. 子曰："君子喻于义，小人喻于利。"

12. 子曰："君子欲讷于言而敏于行。"

13. 子谓子产："有君子之道四焉：其行己也恭，其事上也敬，其养民也惠，其使民也义。"

14. 子谓子夏曰："汝为君子儒，无为小人儒。"

15. 子曰："质胜文则野，文胜质则史。文质彬彬，然后君子。"

16. 宰我问曰："仁者，虽告之曰：'井有仁焉。'其从之也？"子曰："何为其然也？君子可逝也，不可陷也；可欺也，不可罔也。"

17. 子曰："君子博学于文，约之以礼，亦可以弗畔矣夫！"

18. 陈司败问："昭公知礼乎？"孔子曰："知礼。"孔子退，揖巫马期而进之，曰："吾闻君子不党，君子亦党乎？君取于吴为同姓，谓之吴孟子。君而知礼，孰不知礼？"巫马期以告。子曰："丘也幸。苟有过，人必知之。"

19. 子曰："文，莫吾犹人也？躬行君子，则吾未之有得。"

20. 子曰："君子坦荡荡，小人长戚戚。"

21. 子曰："恭而无礼则劳，慎而无礼则葸，勇而无礼则乱，直而无礼则绞。君子笃于亲，则民兴于仁；故旧不遗，则民不偷。"

22. 曾子有疾，孟敬子问之，曾子言曰："鸟之将死，其鸣也哀，人之将死，其言也善。君子所贵乎道者三：动容貌，斯远暴慢矣；正颜色，斯近信矣；出辞气，斯远鄙倍矣。笾豆之事，则有司存。"

23. 曾子曰："可以托六尺之孤，可以寄百里之命，临大节而不可夺也，君子人与？君子人也。"

24. 太宰问于子贡曰："夫子圣者与？何其多能也？"子贡曰："固天纵之将圣，又多能也。"子闻之，曰："太宰知我乎。吾少也贱，故多能鄙事。君子多乎哉？不多也。"

25. 子欲居九夷。或曰："陋，如之何？"子曰："君子居之，何陋之有？"

26. 朝，与下大夫言，侃侃如也，与上大夫言，訚訚如也。君子，踧踖如也，与与如也。

27. 君子不以绀緅饰，红紫不以为亵服。当暑，袗絺绤，必表而出之。缁衣羔裘，素衣麑裘，黄衣狐裘。亵裘长，短右袂。必有寝衣，长一身有半。

28. 子曰："先进于礼乐，野人也。后进于礼乐，君子也。如用之，则吾从先进。"

29. 子曰："论笃是与，君子者乎？色庄者乎？"

30. 司马牛问君子。子曰："君子不忧不惧。"曰："不忧不惧，斯谓之君子已乎？"子曰："内省不疚，夫何忧何惧？"

31. 司马牛忧曰："人皆有兄弟，吾独亡。"子夏曰："商闻之矣，死生有命，富贵在天。君子敬而无失，与人恭而有礼。四海之内，皆兄弟也。君子何患乎无兄弟也？"

32. 棘子成曰："君子质而已矣，何以文为？"子贡曰："惜乎，夫子之说君子也。驷不及舌。文，犹质也；质，犹文也。虎豹之鞟，犹犬羊之鞟。"

33. 子曰："君子成人之美，不成人之恶。小人反是。"

34. 季康子问政于孔子曰："如杀无道，以就有道，何如？"孔子对曰："子为政，焉用杀？子欲善，而民善矣。君子之德风，小人之德草。草上之风，必偃。"

35. 曾子曰："君子以文会友，以友辅仁。"

36. 子曰："野哉，由也。君子于其所不知，盖阙如也。名不正则言不顺，言不顺则事不成，事不成则礼乐不兴，礼乐不兴则刑罚不中，刑罚不中则民无所错手足。故君子名之必可言也，言之必可行也。君子于其言，无所苟而已矣。"

37. 子曰："君子和而不同，小人同而不和。"

38. 子曰："君子易事而难说也。说之不以其道，不说也；及其使人也，器之。小人难事而易说也。说之虽不以道，说也；及其使人也，求备焉。"

39．子曰："君子泰而不骄，小人骄而不泰。"

40．南宫适问于孔子曰："羿善射，奡荡舟，俱不得其死然，禹稷躬稼，而有天下。"夫子不答。南宫适出，子曰："君子哉若人，尚德哉若人。"

41．子曰："君子而不仁者有矣夫，未有小人而仁者也。"

42．子曰："君子上达，小人下达。"

43．曾子曰："君子思不出其位。"

44．子曰："君子耻其言而过其行。"

45．子曰："君子道者三，我无能焉：仁者不忧，知者不惑，勇者不惧。"子贡曰："夫子自道也。"

46．子路问君子。子曰："修己以敬。"曰："如斯而已乎？"曰："修己以安人。"曰："如斯而已乎？"曰："修己以安百姓。修己以安百姓，尧舜其犹病诸？"

47．卫灵公问陈于孔子。孔子对曰："俎豆之事，则尝闻之矣。军旅之事，未之学也。"明日遂行。在陈绝粮，从者病，莫能兴。子路愠见曰："君子亦有穷乎？"子曰："君子固穷，小人穷斯滥矣。"

48．子曰："直哉史鱼！邦有道如矢，邦无道如矢。君子哉蘧伯玉！邦有道则仕，邦无道则可卷而怀之。"

49．子曰："君子义以为质，礼以行之，孙以出之，信以成之。君子哉！"

50．子曰："君子病无能焉，不病人之不己知也。"

51．子曰："君子疾没世而名不称焉。"

52．子曰："君子求诸己，小人求诸人。"

53．子曰："君子矜而不争，群而不党。"

54．子曰："君子不以言举人，不以人废言。"

55．子曰："君子谋道不谋食。耕者，馁在其中矣；学也，禄在其中矣。君子忧道不忧贫。"

56．子曰："君子不可小知，而可大受也。小人不可大受，而可小知也。"

57．子曰："君子贞而不谅。"

58．孔子曰："求！君子疾夫舍曰欲之而必为之辞。"

59．孔子曰："侍于君子有三愆：言未及之而言谓之躁，言及之而不言谓之隐，未见颜色而言谓之瞽。"

60．孔子曰："君子有三戒：少之时，血气未定，戒之在色；及其壮也，血气方刚，戒之在斗；及其老也，血气既衰，戒之在得。"

61．孔子曰："君子有三畏：畏天命，畏大人，畏圣人之言。小人不知天命而不畏也，狎大人，侮圣人之言。"

62．孔子曰："君子有九思：视思明，听思聪，色思温，貌思恭，言思忠，事思敬，疑思问，忿思难，见得思义。"

63．子之武城，闻弦歌之声。夫子莞尔而笑曰："割鸡焉用牛刀？"子游对曰："昔者偃也闻诸夫子曰：'君子学道则爱人，小人学道则易使也。'"子曰："二三子，偃之言是也。前言戏之耳。"

64．佛肸召，子欲往。子路曰："昔者由也闻诸夫子曰：'亲于其身为不善者，君子不入也。'佛肸以中牟畔，子之往也，如之何？"子曰："然。有是言也：不曰坚乎，磨而不磷；不曰白乎，涅而不缁。吾岂匏瓜也哉？焉能系而不食。"

65．宰我问："三年之丧，期已久矣。君子三年不为礼，礼必坏；三年不为乐，乐必崩。旧谷既没，新谷既升，钻燧改火，期可已矣。"子曰："食夫稻，衣夫锦，于女安乎？"曰："安。""女安，则为之。夫君子之居丧，食旨不甘，闻乐不乐，居处不安，故不为也。今女安，则为之。"宰我出，子曰："予之不仁也。子生三年，然后免于父母之怀。夫三年之丧，天下之通丧也。予也有三年之爱于其父母乎？"

66．子路曰："君子尚勇乎？"子曰："君子义以为上，君子有勇而无义为乱，小人有勇而无义为盗。"

67．子贡曰："君子亦有恶乎？"子曰："有恶。恶称人之恶者，恶居下流而讪上者，恶勇而无礼者，恶果敢而窒者。"曰："赐也亦有恶乎？""恶徼以为知者，恶不孙以为勇者，恶讦以为直者。"

68．周公谓鲁公曰："君子不施其亲，不使大臣怨乎不以。故旧无大故，则不弃也。无求备于一人。"

69．子夏之门人，问交于子张。子张曰："子夏云何？"对曰："子夏曰：'可者与之，其不可者拒之。'"子张曰："异乎吾所闻。君子尊贤而容众，嘉善而矜不能。我之大贤与，于人何所不容；我之不贤与，人将拒我，如之何其拒人也？"

70．子夏曰："虽小道，必有可观者焉。致远恐泥，是以君子不为也。"

71．子夏曰："百工居肆以成其事，君子学以致其道。"

72．子夏曰："君子有三变：望之俨然，即之也温，听其言也厉。"

73．子夏曰："君子信而后劳其民，未信则以为厉己也。信而后谏，未信则以为谤己也。"

74．子游曰："子夏之门人小子，当洒扫应对进退，则可矣。抑末也，本之则无，如之何？"子夏闻之曰："噫，言游过矣！君子之道，孰先传焉？孰后倦焉？譬诸草木，区以别矣。君子之道，焉可诬也？有始有卒者，其惟圣人乎！"

75．子贡曰："纣之不善，不如是之甚也。是以君子恶居下流，天下之恶皆归焉。"

76．子贡曰："君子之过也，如日月之食焉：过也，人皆见之；更也，人皆仰之。"

77．陈子禽谓子贡曰："子为恭也，仲尼岂贤于子乎？"子贡曰："君子一言以为知，一言以为不知，言不可不慎也。夫子之不可及也，犹天之不可阶而升也。夫子之得邦家者，所谓立之斯立，道之斯行，绥之斯来，动之斯和。其生也荣，其死也哀。如之何其可及也？"

78．子曰："君子惠而不费，劳而不怨，欲而不贪，泰而不骄，威而不猛。"

79．君子无众寡、无小大、无敢慢，斯不亦泰而不骄乎？君子正其衣冠，尊其瞻视，俨然人望而畏之，斯不亦威而不猛乎？

80．孔子曰："不知命，无以为君子也；不知礼，无以立也；不知言，无以知人也。"

《孟子》君子经文23句：

1. 君子之于禽兽也，见其生，不忍见其死；闻其声，不忍食其肉。是以君子远庖厨也。
2. 君子莫大乎与人为善。
3. 故君子有不战，战必胜矣。
4. 焉有君子而可以货取乎？
5. 君子不以天下俭其亲。
6. 且古之君子，过则改之；今之君子，过则顺之。古之君子，其过也，如日月之食，民皆见之，及其更也，民皆仰之；今之君子，岂徒顺之，又从为之辞。
7. 君子不怨天，不尤人。

8. 公孙丑曰："君子之不教子，何也！"孟子曰："势不行也。教者必以正，以正不行，继之以怒。继之以怒，则反夷矣。夫子教我以正，夫子未出于正也，则是父子相夷也。父子相夷，则恶矣。古者易子而教之。父子之间不责善，责善则离，离则不祥莫大焉。"

9. 君子深造之以道，欲其自得之也。自得之，则居之安。居之安，则资之深。资之深，则取之左右逢其原。故君子欲其自得之也。

10. 君子所以异于人者，以其存心也。君子以仁存心，以礼存心。仁者爱人，有礼者敬人。爱人者人恒爱之，敬人者人恒敬之。

11. 君子有终身之忧，无一朝之患也。

12. 君子可欺以其方，难罔以非其道。彼以爱兄之道来，故诚信而喜之。

13. 君子之事君也，务引其君以当道，志于仁而已。

14. 孟子曰："君子不亮，恶乎执？"

15. 君子有三乐，而王天下不与存焉。父母俱存，兄弟无故，一乐也。仰不愧于天，俯不怍于人，二乐也。得天下英才而教育之，三乐也。君子有三乐，而王天下不与存焉。

16. 广土众民，君子欲之，所乐不存焉。中天下而立，定四海之民，君子乐之，所性不存焉。君子所性，虽大行不加焉，虽穷居不损焉。分定故也。君子所性，仁义礼智根于心，其生色也睟然，见于面，盎于背，施于四体，四体不言而喻。

17. 君子之志于道也，不成章不达。

18. 君子不可虚拘。

19. 君子之所以教者五：有如时雨化之者，有成德者，有达财者，有答问者，有私淑艾者。此五者，君子之所以教也。

20. 大匠不为拙工改废绳墨，羿不为拙射变其彀率。君子引而不发，跃如也。中道而立，能者从之。

21. 孟子曰："君子之于物也，爱之而弗仁；于民也，仁之而弗亲。亲亲而仁民，仁民而爱物。"

22. 孟子曰："知者无不知也，当务之为急；仁者无不爱也，急亲贤之为务。尧舜之知而不遍物，急先务也。尧舜之仁，不遍爱人，急亲贤也。不能三年之丧，而缌小功之察，放饭流歠，而问无齿决，是之谓不知务。"

23. 言近而指远者，善言也；守约而施博者，善道也。君子之言也，不下带而道存焉。君子之守，修其身而天下平。人病舍其田而芸人之田。所求于人者重，而所以自任者轻。

《中庸》君子经文26句：

1. 是故君子戒慎乎其所不睹，恐惧乎其所不闻。
2. 君子中庸，小人反中庸。君子之中庸也，君子而时中；小人之中庸也，小人而无忌惮也。
3. 宽柔以教，不报无道，南方之强也，君子居之。
4. 故君子和而不流，强哉矫！

5. 君子遵道而行，半途而废，吾弗能已矣。君子依乎中庸，遁世不见知而不悔，唯圣者能之。

6. 君子之道费而隐。

7. 君子语大，天下莫能载焉；语小，天下莫能破焉。

8. 君子之道，造端乎夫妇，及其至也，察乎天地。

9. 故君子以人治人，改而止。

10. 君子之道四，丘未能一焉：所求乎子，以事父，未能也；所求乎臣，以事君，未能也；所求乎弟，以事兄，未能也；所求乎朋友，先施之，未能也。

11. 庸德之行，庸言之谨；有所不足，不敢不勉，有余不敢尽；言顾行，行顾言，君子胡不慥慥尔！

12. 君子素其位而行，不愿乎其外。素富贵，行乎富贵；素贫贱，行乎贫贱；素夷狄，行乎夷狄；素患难，行乎患难，君子无入而不自得焉。

13. 君子居易以俟命。

14. 射有似乎君子，失诸正鹄，反求诸其身。

15. 君子之道，辟如行远必自迩，辟如登高必自卑。

16. 嘉乐君子，宪宪令德。宜民宜人，受禄于天，保佑命之，自天申之。

17. 故君子不可以不修身；思修身，不可以不事亲；思事亲，不可以不知人；思知人，不可以不知天。

18. 是故君子诚之为贵。诚者非自成己而已也，所以成物也。成己，仁也；成物，知也。

19. 故君子尊德性而道问学。

20. 故君子之道，本诸身，征诸庶民，考诸三王而不缪，建诸天地而不悖，质诸鬼神而无疑，百世以俟圣人而不惑。

21. 是故君子动而世为天下道，行而世为天下法，言而世为天下则。远之则有望，近之则不厌。

22. 故君子之道，闇然而日章；小人之道，的然而日亡。君子之道：淡而不厌，简而文，温而理，知远之近，知风之自，知微之显，可与人德矣。

23．故君子内省不疚，无恶于志。君子之所不可及者，其唯人之所不见乎！

24．故君子不动而敬，不言而信。

25．是故君子不赏而民劝，不怒而民威于鈇钺。

26．故君子笃恭而天下平。

《荀子》君子经文138句：

劝学篇

1．君子曰：学不可以已。

2．木受绳则直，金就砺则利，君子博学而日参省乎己，则知明而行无过矣。

3. 君子生非异也，善假于物也。

4. 兰槐之根是为芷，其渐之滫，君子不近，庶人不服。

5. 君子居必择乡，游必就士，所以防邪辟而近中正也。

6. 言有招祸也，行有招辱也，君子慎其所立乎！

7. 君子之学也，入乎耳，箸乎心，布乎四体，形乎动静。

8. 君子之学也，以美其身；小人之学也，以为禽犊。

9. 君子不傲、不隐、不瞽，谨顺其身。

10. 君子知夫不全不粹之不足以为美也，故诵数以贯之，思索以通之，为其人以处之，除其害者以持养之。

11. 天见其明，地见其光，君子贵其全也。

修身篇

1. 君子隆师而亲友，以致恶其贼。

2. 君子役物，小人役于物。

3. 良农不为水旱不耕，良贾不为折阅不市，士君子不为贫穷怠乎道。

4. 好法而行，士也；笃志而体，君子也；齐明而不竭，圣人也。

5. 端悫顺弟，则可谓善少者矣；加好学逊敏焉，则有钧无上，可以为君子者矣。

6. 君子之求利也略，其远害也早，其避辱也惧，其行道理也勇。

7. 君子贫穷而志广，富贵而体恭，安燕而血气不惰，劳倦而容貌不枯，怒不过夺，喜不过予。

8. 君子贫穷而志广，隆仁也；富贵而体恭，杀势也；安燕而血气不惰，柬理也；劳倦而容貌不枯，好交也；怒不过夺，喜不过予，是法胜私也。

君子之道

不苟篇

1. 君子行不贵苟难，说不贵苟察，名不贵苟传，唯其当之为贵。

2. 君子不贵者，非礼义之中也。

3. 君子易知而难狎，易惧而难胁，畏患而不避义死，欲利而不为所非，交亲而不比，言辩而不辞。荡荡乎！其有以殊于世也。

4. 君子能亦好，不能亦好；小人能亦丑，不能亦丑。

5. 君子能则人荣学焉，不能则人乐告之；小人能则人贱学焉，不能则人羞告之。是君子小人之分也。

6. 君子宽而不僈，廉而不刿，辩而不争，察而不激，直立而不胜，坚强而不暴，柔从而不流，恭敬谨慎而容。

7. 左之左之，君子宜之；右之右之，君子有之。

8. 君子两进，小人两废。

9. 君子为治而不为乱，为修而不为污也。

10. 君子絜其身而同焉者合矣，善其言而类焉者应矣。

11. 君子养心莫善于诚，致诚则无它事矣。

12. 君子至德，嘿然而喻，未施而亲，不怒而威：夫此顺命，以慎其独者也。

13. 君子位尊而志恭，心小而道大；所听视者近，而所闻见者远。

14. 君子审后王之道，而论于百王之前，若端拜而议。

15. 君子不下室堂而海内之情举积此者，则操术然也。

荣辱篇

1. 义之所在，不倾于权，不顾其利，举国而与之不为改视，重死持义而不桡，是士君子之勇也。

2. 君子者，信矣，而亦欲人之信己也；忠矣，而亦欲人之亲己也；修正治辨矣，而亦欲人之善己也。虑之易知也，行之易安也，持之易立也，成则必得其所好，必不遇其所恶焉。

3. 君子注错之当，而小人注错之过也。

4. 越人安越，楚人安楚，君子安雅。

5. 君子道其常，而小人道其怪。
6. 君子非得势以临之，则无由得开内焉。

非相篇
1. 君子之谓吉，小人之谓凶。
2. 凡人莫不好言其所善，而君子为甚。
3. 君子之于言无厌。
4. 君子之度己则以绳，接人则用抴。
5. 君子贤而能容罢，知而能容愚，博而能容浅，粹而能容杂，夫是之谓兼术。
6. 唯君子为能贵其所贵。
7. 君子之行仁也无厌。志好之、行安之，乐言之；故言君子必辩。小辩不如见端，见端不如见本分。小辩而察，见端而明，本分而理；圣人士君子之分具矣。

非十二子篇
1. 多言而类，圣人也；少言而法，君子也。
2. 君子耻不修，不耻见污；耻不信，不耻不见信；耻不能，不耻不见用。

仲尼篇
君子时诎则诎，时伸则伸也。

儒效篇
1. 道者，非天之道，非地之道，人之所以道也，君子之所道也。
2. 君子之所谓贤者，非能遍能人之所能之谓也；君子之所谓知者，非能遍知人之所知之谓也；君子之所谓辩者，非能遍辩人之所辩之谓也；君子之所谓察者，非能遍察人之所察之谓也；有所止矣。

3. 不知无害为君子，知之无损为小人。

4. 工匠不知，无害为巧；君子不知，无害为治。

5. 彼学者，行之，曰士也；敦慕焉，君子也；知之，圣人也。

6. 君子无爵而贵，无禄而富，不言而信，不怒而威，穷处而荣，独居而乐。

7. 君子务修其内，而让之于外；务积德于身，而处之以遵道。

8. 君子隐而显，微而明，辞让而胜。

9. 人积耨耕而为农夫，积斫削而为工匠，积反货而为商贾，积礼义而为君子。

10. 故人知谨注错，慎习俗，大积靡，则为君子矣。

11. 为君子则常安荣矣，为小人则常危辱矣。

12. 君子言有坛宇，行有防表，道有一隆。

王制篇

1. 故法而议，职而通，无隐谋，无遗善，而百事无过，非君子莫能。

2. 治生乎君子，乱生乎小人。

3. 马骇舆，则君子不安舆；庶人骇政，则君子不安位。

4. 庶人安政，然后君子安位。

5. 故虎豹为猛矣，然君子剥而用之。

6. 天地者，生之始也；礼义者，治之始也；君子者，礼义之始也；为之，贯之，积重之，致好之者，君子之始也。

7. 故天地生君子，君子理天地；君子者，天地之参也，万物之总也，民之父母也。

8. 无君子，则天地不理，礼义无统，上无君师，下无父子，夫是之谓至乱。

富国篇

1. 君子以德，小人以力。

2. 淑人君子，其仪不忒；其仪不忒，正是四国。

王霸篇

1. 故与积礼义之君子为之则王，与端诚信全之士为之则霸，与权谋倾覆之人为之则亡。

2. 聪明君子者，善服人者也。

君道篇

1. 法者，治之端也；君子者，法之原也。

2. 故有君子，则法虽省，足以遍矣；无君子，则法虽具，失先后之施，不能应事之变，足以乱矣。

3. 故械数者，治之流也，非治之原也；君子者，治之原也。

4. 官人守数，君子养原；原清则流清，原浊则流浊。

5. 故君子恭而不难，敬而不巩，贫穷而不约，富贵而不骄，并遇变态而不穷，审之礼也。

6. 故君子之于礼，敬而安之；其于事也，径而不失；其于人也，寡怨宽裕而无阿；其所为身也，谨修饰而不危；其应变故也，齐给便捷而不惑；其于天地万物也，不务说其所以然，而致善用其材；其于百官之事伎艺之人也，不与之争能，而致善用其功；其待上也，忠顺而不懈；其使下也，均遍而不偏；其交游也，缘类而有义；其居乡里也，容而不乱。

7. 故伯乐不可欺以马，而君子不可欺以人，此明王之道也。

臣道篇

1. 故无德之为道也，伤疾、堕功、灭苦，故君子不为也。
2. 故君子安礼乐利，谨慎而无斗怒，是以百举而不过也。

致士篇

1. 衡听、显幽、重明、退奸、进良之术：朋党比周之誉，君子不听；残贼加累之谮，君子不用；隐忌雍蔽之人，君子不近；货财禽犊之请，君子不许。
2. 川渊深而鱼鳖归之，山林茂而禽兽归之，刑政平而百姓归之，礼义备而君子归之。
3. 无土则人不安居，无人则土不守，无道法则人不至，无君子则道不举。
4. 君子也者，道法之总要也，不可少顷旷也。
5. 赏僭则利及小人，刑滥则害及君子。

天论篇

1. 天不为人之恶寒也辍冬，地不为人之恶辽远也辍广，君子不为小人匈匈也辍行。
2. 天有常道矣，地有常数矣，君子有常体矣。
3. 君子道其常，而小人计其功。
4. 故君子敬其在己者，而不慕其在天者；小人错其在己者，而慕其在天者。君子敬其在己者，而不慕其在天者，是以日进也；小人错其在己者，而慕其在天者，是以日退也。

正论篇

1. 故君子可以有势辱，而不可以有义辱；小人可以有势荣，而不可以有义荣。

2. 义荣势荣，唯君子然后兼有之；义辱势辱，唯小人然后兼有之。

礼论篇

1. 君子既得其养，又好其别。
2. 君子审于礼，则不可欺以诈伪。
3. 故君子上致其隆，下尽其杀，而中处其中。
4. 故君子敬始而慎终，终始如一，是君子之道，礼义之文也。

乐论篇

1. 故君子耳不听淫声，目不视邪色，口不出恶言。
2. 君子以钟鼓道志，以琴瑟乐心；动以干戚，饰以羽旄，从以磬管。
3. 君子乐得其道，小人乐得其欲；以道制欲，则乐而不乱；以欲忘道，则惑而不乐。
4. 君子明乐，乃其德也。

解蔽篇

1. 故君子壹于道，而以赞稽物。
2. 向是而务，士也；类是而几，君子也；知之，圣人也。
3. 析辞而为察，言物而为辨，君子贱之。博闻强志，不合王制，君子贱之。

正名篇

1. 故能处道而不贰，吐而不夺，利而不流，贵公正而贱鄙争，是士君子之辨说也。

2. 君子之言，涉然而精，俛然而类，差差然而齐。

3. 无稽之言，不见之行，不闻之谋，君子慎之。

性恶篇

1. 今之人化师法，积文学，道礼义者为君子；纵性情，安恣睢，而违礼义者为小人。

2. 故小人可以为君子，而不肯为君子；君子可以为小人，而不肯为小人。

赋篇

君子以修，跖以穿室。

大略篇

1. 君子之于子，爱之而勿面，使之而勿貌，导之以道而勿强。

2. 君子处仁以义，然后仁也；行义以礼，然后义也；制礼反本成末，然后礼也。

3. 君子立志如穷，虽天子三公问正，以是非对。

4. 君子隘穷而不失，劳倦而不苟，临患难而不忘细席之言。岁不寒，无以知松柏；事不难，无以知君子。无日不在是。

5. 君子赠人以言，庶人赠人以财。

6. 君子疑则不言，未问则不言，道远日益矣。

7. 多知而无亲，博学而无方，好多而无定者，君子不与。

8. 君子壹教，弟子壹学，亟成。

9. 君子进则益上之誉，而损下之忧。

10. 君子难说，说之不以道，不说也。

11. 故塞而避所短，移而从所仕。疏知而不法，辨察而操僻，勇果而亡礼，君子之所憎恶也。

12. 多言而类，圣人也；少言而法，君子也；多言无法，而流湎然，虽辩，小人也。

13. 君子能为可贵，不能使人必贵己；能为可用，不能使人必用己。

宥坐篇

1. 君子所履，小人所视。

2. 夫遇不遇者，时也；贤不肖者，材也；君子博学深谋，不遇时者多矣！

3. 君子之学，非为通也，为穷而不困，忧而意不衰也，知祸福终始而心不惑也。

4. 故君子博学深谋，修身端行，以俟其时。

子道篇

1. 故君子入则笃行，出则友贤，何为而无孝之名也！

2. 故君子知之曰知之，不知曰不知，言之要也；能之曰能之，不能曰不能，行之至也。

3. 君子其未得也，则乐其意，既已得之，又乐其治。

法行篇

1. 故君子苟能无以利害义，则耻辱亦无由至矣。

2. 君子正身以俟，欲来者不距（拒），欲去者不止。

3. 君子有三恕：有君不能事，有臣而求其使，非恕也；有亲不能报，有子而求其孝，非恕也；有兄不能敬，有弟而求其听令，非恕也。士明于此三恕，则可以端身矣。

4. 君子有三思而不可不思也：少而不学，长无能也；老而不教，死无思也；有而不施，穷无与也。是故君子少思长，则学；老思死，则教；有思穷，则施也。

哀公篇

言忠信而心不德，仁义在身而色不伐，思虑明通而辞不争，故犹然如将可及者，君子也。

尧问篇

1. 君子好以道德，故其民归道。
2. 君子力如牛，不与牛争力；走如马，不与马争走；知如士，不与士争知。

《周易》君子经文42句：

1. 君子终日乾乾，夕惕若厉，无咎。
2. 天行健，君子以自强不息。
3. 君子体仁，足以长人；嘉会，足以合礼；利物，足以和义；贞固，足以干事。
4. 君子进德修业，忠信，所以进德也。
5. 君子进德修业，欲及时也，故无咎。
6. 君子以成德为行，日可见之行也。
7. 潜之为言也，隐而未见，行而未成，是以君子弗用也。
8. 君子学以聚之，问以辩之，宽以居之，仁以行之。
9. 君子攸行，先迷失道，后顺得常。
10. 君子以厚德载物。

11. 君子敬以直内，义以方外，敬义立而德不孤。

12. 君子黄中通理，正位居体，美在其中，而畅于四支，发于事业，美之至也。

13. 君子道长，小人道消也。

14. 小人道长，君子道消也。

15. 君子以俭德辟难，不可荣以禄。

16. 谦尊而光，卑而不可逾，君子之终也。

17. 谦谦君子，卑以自牧也。

18. 君子得舆，民所载也。小人剥庐，终不可用也。

19. 君子以多识前言往行，以畜其德。

20. 君子以慎言语，节饮食。

21. 君子以独立不惧，遁世无闷。

22. 君子以常德行，习教事。

23. 君子以虚受人。

24. 君子以立不易方。

25. 君子以远小人，不恶而严。

26. 君子好遁，小人否也。

27. 君子以非礼弗履。

28. 小人用壮，君子用罔。

29. 君子以自昭明德。

30. 君子以言有物，而行有恒。

31. 君子以见善则迁，有过则改。

32. 君子以施禄及下，居德则忌。

33. 君子以思不出其位。

34. 君子以行过乎恭，丧过乎哀，用过乎俭。

35. 是故，君子所居而安者，易之序也。所乐而玩者，爻之辞也。是故，君子居则观其象，而玩其辞；动则观其变，而玩其占。是故自天佑之，吉无不利。

36. 仁者见之谓之仁，知者见之谓之知，百姓日用而不知；故君子之道鲜矣！

37. 君子居其室，出其言善，则千里之外应之，况其迩者乎？

38. 君子之道，或出或处，或默或语，二人同心，其利断金；同心之言，其臭如兰。

39. 君不密，则失臣；臣不密，则失身；几事不密，则害成；是以君子慎密而不也也。

40. 君子藏器于身，待时而动，何不利之有？

41. 是故，君子安而不忘危，存而不忘亡，治而不忘乱；是以，身安而国家可保也。

42. 君子安其身而后动，易其心而后语，定其交而后求。君子修此三者，故全也。

二〇一〇年春节　初稿
二〇一四年十二月　二稿
二〇一七年五月　三稿